Königs Erläuterungen und Materialien
Band 159

Erläuterungen zu

Günter Grass

Die Blechtrommel

von Rüdiger Bernhardt

Bange Verlag

Über den Autor dieser Erläuterung:

Prof. Dr. sc. phil. Rüdiger Bernhardt lehrte neuere und neueste deutsche sowie skandinavische Literatur an Universitäten des In- und Auslandes. Er veröffentlichte u.a. Monografien zu Henrik Ibsen, Gerhart Hauptmann, August Strindberg, gab die Werke Ibsens, Peter Hilles, Hermann Conradis und anderer sowie zahlreiche Schulbücher heraus. Seit 1994 ist er Vorsitzender der Gerhart-Hauptmann-Stiftung Kloster auf Hiddensee.

Hinweis:

Die Rechtschreibung wurde der amtlichen Neuregelung angepasst.

Zitate von Grass müssen auf Grund eines Einspruches in der alten Rechtschreibung beibehalten werden.

3. Auflage 2005
ISBN 10: 3-8044-1677-2
ISBN 13: 978-3-8044-1677-2

Titelabbildung: David Bennent als Oskar Mazerath in Schlöndorffs Verfilmung „Die Blechtrommel"
Druck und Weiterverarbeitung: Tiskárna Akcent, Vimperk

Vorwort

Günter Grass wurde 1999 **Nobelpreisträger**; das Werk des Schriftstellers, Malers und Bildhauers wurde nun noch genauer befragt. Der Roman *Die Blechtrommel* ist der wichtigste Titel geblieben. Auch wenn Grass *Hundejahre*, den dritten Teil der *Danziger Trilogie*[1], für besser hält, hat er seinen Ruhm der *Blechtrommel* zu verdanken. Der Roman ist zu einem erfolgreichen und umstrittenen Werk im 20. Jahrhundert geworden und wird es im 21. bleiben. Seine Bedeutung besteht darin, das Entsetzen über eine mörderische und verbrecherische deutsche Vergangenheit an alltäglicher Wirklichkeit zu entwickeln. Da auch die selten benannte fäkale Seite des Daseins beschrieben wird, bleibt kaum etwas vom edlen Menschen. Oskar Matzerath ist vielmehr ein Böser, möchte Satan spielen.
Der Roman *Die Blechtrommel* war der erste der *Danziger Trilogie*, dem Mittelstück *Katz und Maus* schloss sich der Roman *Hundejahre* an. Die Handlungen sind mit einer Symbol- und Motivkette verflochten, die sie paradigmatisch für deutsche Geschichte im 20. Jahrhundert werden lässt.
Einer der Schauplätze ist der Danziger Vorort Langfuhr, der **Geburtsort Grass'**. Oskar Matzerath lebt um 1954 im Pflegeheim in Düsseldorf und erzählt von der *Blechtrommel*. Er ist in der Lage, mit Hilfe einer Kinderblechtrommel Erinnerungen lebendig werden zu lassen.

1 Der Begriff *Danziger Trilogie* wird in der Definition von John Reddick (1971) übernommen, auch wenn hinzugefügt werden soll, dass es nicht nur *Die Blechtrommel, Katz und Maus* und *Hundejahre* sind, die zu dem Themen-, Stoff- und Personenkreis gehören, sondern eigentlich Grass' Gesamtwerk jenem Danzig verpflichtet ist.

In der für Laien nicht mehr überschaubaren Literatur zu dem Roman und seinem Schöpfer Günter Grass zeigt diese Einführung einen Weg, das Werk in seiner Vielschichtigkeit und auf seinem historischen Hintergrund zu verstehen. Besondere Aufmerksamkeit gehört der literarischen Methode Grass'. Sachinformation und eine vereinfachte textnahe Analyse, die allerdings auf Grundsätzliches Wert legt und dadurch auch neue Ansätze des Verständnisses einbringt, sind Kennzeichen dieser Aufmerksamkeit. Es wird erklärt, wie der Roman zu einem spezifischen Beitrag deutscher Geschichtsschreibung geworden ist und warum er es bleiben wird.

Zitiert wird nach der Ausgabe des Romans im Deutschen Taschenbuch Verlag (dtv 11821), München [8]1999.

1. Günter Grass – Leben und Werk

1.1 Biografie

Jahr	Ort	Ereignis	Alter
1927	Danzig	Günter Grass wird am Sonntag, dem 16. Oktober, in Danzig-Langfuhr als Kind eines deutschen protestantischen Vaters und einer kaschubischen katholischen Mutter geboren. Die Eltern haben ein Kolonialwarengeschäft.	
1933–44	Danzig	Er besucht die Volksschule, 1937 das Real-Gymnasium *Conradinum.* Seit 1937 im Deutschen Jungvolk (DJ).	6–17
1944–46	Cottbus Marienbad	Luftwaffenhelfer und Soldat (Panzerschütze), „als Freiheit von der Schule mißverstanden" (Grass: *Zeuge,* S. 196). Verwundet, in Marienbad im Lazarett, in Bayern gerät er in amerikanische Kriegsgefangenschaft.	16–19
1946–48	Saarland	Landarbeiter, Koppeljunge unter Tage in einem Kali-Bergwerk. Er ist unterwegs in verschiedenen Besatzungszonen. Die Nürnberger Prozesse öffnen ihm die	19–21

Jahr	Ort	Ereignis	Alter
		Augen über den Nationalsozialismus.	
	Düsseldorf	Ab 1947 lernt er Steinmetz.	
1948–52	Düsseldorf	Studium an der Kunstakademie (Bildhauerei und Grafik; Lehrer: Sepp Mages und Otto Pankok).	20–25
1951–52		Reisen nach Italien und Frankreich. Bekanntschaft mit der Schweizer Ballettstudentin Anna Schwarz.	24–25
1953–56	Berlin	Studium an der Hochschule für Bildende Künste (Schüler Karl Hartungs, der ihn für einen seiner „begabtesten Schüler" hält.[2]). Er heiratet 1954 Anna Schwarz und hat mit ihr (1957–65) vier Kinder.	26–29
1955	Berlin	Erste Veröffentlichungen. Auszeichnung: 3. Preis in einem Lyrikwettbewerb des Süddeutschen Rundfunks. Eine wesentliche Folge ist, dass er zur Gruppe 47 eingeladen wird, dort erstmals liest (Lyrik) und Walter Höllerer zum Freund gewinnt.	27
1956	Paris	Umzug: Grass besucht mehrfach Heines Grab, Freundschaft mit Paul Celan.	29

2 Vgl. Arker, S. 7

Jahr	Ort	Ereignis	Alter
	Stuttgart	Erste Ausstellung von Plastiken und Grafiken.	
1958	Großholzleute/ Allgäu	**Preis der Gruppe 47 für *Die Blechtrommel*.** Reise nach Polen: Nach vierzehn Jahren des Wegseins recherchiert Grass wichtige Orte und Vorgänge in Danzig vor Ort.	31
1959	Bremen	***Die Blechtrommel* erscheint. Der Senat der Stadt Bremen verweigert den von einer Jury zuerkannten Literaturpreis.**	32
1960	Berlin	Rückkehr von Paris, erneut Reise nach Polen.	33
1961	Leipzig	Grass liest am 21. März als Gast Hans Mayers aus *Die Blechtrommel* im berühmten Hörsaal 40 der Leipziger Universität. Grass nimmt im Mai am V. Schriftstellerkongress der DDR teil. Arbeitet mit Egon Bahr an Reden für Brandt. Gemeinsam mit Wolfdietrich Schnurre protestiert Grass beim Schriftstellerverband der DDR gegen die Schließung der Grenze am 13. August 1961.	33
1963	Berlin	Aufnahme in die Akademie der Künste. Mit dem Roman	36

Jahr	Ort	Ereignis	Alter
		Hundejahre wird die *Danziger Trilogie* abgeschlossen.	
1964	USA	Reise. (1965 Ehrenpromotion durch das Kenyon College.)	37
1965		Bundestagswahlkampf für die SPD in 52 Veranstaltungen.	38
	Darmstadt	Georg-Büchner-Preis.	
	Düsseldorf	Am 3. 10. werden am Rheinufer von Mitgliedern des Evangelischen Jugendbundes für entschiedenes Christentum mit Genehmigung des Ordnungsamtes Bücher verbrannt, darunter Bücher von Erich Kästner, Camus und Grass.	
	Berlin	Auf Grass' Wohnung wird ein Brandanschlag verübt.	
1966	USA	Tagung der Gruppe 47 in Princeton. – Mehrere Reisen.	39
1967	Israel	Reise. – Rede auf dem SPD-Parteitag in Nürnberg.	40
1968	Meißen	Mai: In der DDR wird das *Meissner Tedeum* des Komponisten Wolfgang Hufschmidt mit Texten von Günter Grass aufgeführt.	41
	Lübeck	28. 9.: Grass stellt die von ihm gegründete „Stiftung zugunsten des Romavolkes" vor.	
1968–69		Fontane-Preis u. a. Preise. Mehrere Reisen. Wahlkampf-	41–42

Jahr	Ort	Ereignis	Alter
		reise für die SPD mit 190 Veranstaltungen.	
1970	Warschau	Reise mit Willy Brandt zur Unterzeichnung des Deutsch-Polnischen Vertrages.	43
1971	Nürnberg	Rede zum Dürer-Jahr. Reisen nach Tansania und Israel.	44
1972	Wewelsfleth	Kauf eines Hauses in Schleswig-Holstein. Bundestagswahlkampf für die SPD mit 129 Veranstaltungen.	45
1973	Israel	Reise mit Willy Brandt.	46
1974		Austritt aus der katholischen Kirche.	47
1975	Indien	Reise.	48
1976		Teilnahme am Bundestagswahlkampf der SPD.	49
1978		Stiftung des Alfred-Döblin-Preises „aus einem überschüssigen Teil" der Buchhonorare.[3] Scheidung von Anna Grass, von der er sich bereits 1972 getrennt hatte. Reisen in Asien. **Verfilmung der *Blechtrommel* unter Volker Schlöndorff.**	51
1979	Cannes	Hohe Auszeichnungen, darunter die Goldene Palme der Filmfestspiele für den Film *Die Blechtrommel*.	52

3 Günter Grass: *Wider die regionale Zerstreuung*. Rede zur Verleihung des Alfred-Döblin-Preises 1997. In: NDL (neue deutsche literatur), Berlin 1997, Heft 5, S. 183

Jahr	Ort	Ereignis	Alter
		Eheschließung mit der Hiddenseer Organistin Ute Grunert.	
1982		Eintritt in die SPD.	55
1983	Berlin	Präsident der Akademie der Künste.	56
1984	Hamburg	Umzug, ohne sich in Hamburg wohlzufühlen, bereits	57
1986	Behlendorf	Kauf einer Gründerzeitvilla in Holstein.	58
1986-87		Aufenthalt in Kalkutta.	59–60
1989	Berlin	Austritt aus der Akademie der Künste wegen deren mangelnder Solidarität mit Salman Rushdie.	62
1990	Frankfurt	Gastdozentur für Poetik.	
1991		Tonbandkassettenedition des Romans *Die Blechtrommel*	63 64
1992		Austritt aus der SPD.	
1993	Danzig/ Gdańsk	Ehrendoktor der Universität, Ehrenbürger der Stadt.	65 66
1994		Zahlreiche Auszeichnungen, darunter der Große Literaturpreis der Bayrischen Akademie der Schönen Künste.	67
1996		Auszeichnungen, darunter der dänische Sonning-Preis, der Fallada-Preis, die Hermann-Kesten-Medaille und im Mai der Mann-Preis.	68
1997	Frankfurt	Oktober: Laudatio auf den Friedenspreisträger des Deutschen	70

Jahr	Ort	Ereignis	Alter
		Buchhandels Yasar Kemal; Angriffe konservativer Kräfte.	
	Oklahoma City	**Nach Richterbeschluss beschlagnahmt die Polizei Videos der Verfilmung der *Blechtrommel*, die als pornografisch eingestuft wurde. 1999 müssen Stadt und Justizbehörden deshalb 575.000 Dollar Entschädigung zahlen.**	
1998	Lübeck	Januar/Februar: 6 Vorlesungen im Zentralklinikum der Universität Lübeck „Werkstattbericht des Schriftstellers und Graphikers".	70
	Berlin	10. Mai: Wiederaufnahme in die Akademie der Künste.	
1999	Tübingen	Poetik-Dozentur.	72
	Oviedo	Als erster nicht-spanischer Autor erhält Grass den Prinz-von-Asturien-Preis für seinen Einsatz für Freiheit und Demokratie.	
	Stockholm	**Nobelpreis.**	
	Lübeck	18.Dezember: I. Internationales Günter Grass Kolloquium.	
2000	Hamburg	*Mein Jahrhundert* (dramatisiert, UA, Regie: Horst Königstein).	73
	Bremen	Gründung der Günter-Grass-Stiftung: Sie wird Bild- und	

Jahr	Ort	Ereignis	Alter
		Tonbeiträge sammeln, systematisieren und erschließen.	
2001	Berlin	Herbst: Gemeinsam mit zahlreichen Künstlern veröffentlicht Grass eine Erklärung gegen den Einsatz deutscher Truppen in Afghanistan und gegen einen „Totalitarismus neuer Art".	74
2002		4. Februar: Veröffentlichung der Novelle *Im Krebsgang.*	74
	Leipzig	21. März: erstmalige Verleihung des *Bücher-Butts*, des Deutschen Bücherpreises, durch Grass an Christa Wolf u. a.	
	Chemnitz	Uraufführung der Oper *Das Treffen von Telgte* von Eckehard Meyer nach Grass' Erzählung.	
	Lübeck	20. Oktober: Eröffnung des Günter-Grass-Hauses, in dem das Werk (Wort- und Bildkunst) zugänglich gemacht werden soll.	75

Zeitgeschichtlicher Hintergrund

Die Geschichte Danzigs im 20. Jahrhundert

Der Roman ist ohne einige Kenntnisse über die Geschichte Danzigs im 20. Jahrhundert nicht zu verstehen. Seit dem Versailler Vertrag (1919) war Danzig ein Freistaat und gehörte nicht zum Deutschen Reich. Der Freistaat „Freie Stadt Danzig" (1920–1939) war weitgehend umschlossen von der Republik Polen. Die kaschubische Großmutter Grass', die auf dem Markt in Langfuhr ihre Eier und Butter verkaufte, konnte das oft nicht tun, weil ihr Dorf nicht zum Freistaat gehörte und es sich jedes Mal bei der kurzen Bahnfahrt von Viereck nach Langfuhr (10 km) um eine Einreise handelte. War diese verwehrt, konnte sie ihre Kundschaft nicht erreichen. Der Freistaat war ein Kompromiss: Die Polen hatten dadurch Zugang zu einem Seehafen; die zahlreichen Deutschen konnten in der Stadt bleiben. Außenpolitisch vertreten wurde die Stadt von Polen, der Völkerbund entsandte einen Hohen Kommissar in die Freie Stadt, der die Einhaltung der Verfassung überwachen und in Streitfällen schlichten sollte. Der erste Hohe Kommissar war der Schweizer Historiker und Schriftsteller Carl Jacob Burckhardt (1891–1974). – Die Polen erhielten im Versailler Vertrag das Recht auf eigene Post- und Telegrafenanlagen in der Stadt[4], die in Grass' Roman eine große Rolle spielen, und der Hafen wurde gemeinsam von Danzig und Polen verwaltet. Das führte zu Streit und dazu, dass Polen schnell in Gdynia einen Seehafen baute, der 1932 Danzig überflügelt hatte. – Zur Freien Stadt Danzig (1914 km^2) gehörten Danzig und

4 1925 kam es zum Danzig-polnischen Postkonflikt, der schließlich zur Regelung führte, dass alle Sendungen mit der Anschrift „Gdańsk" vom polnischen Zustelldienst, alle mit „Danzig" von der Danziger Post besorgt werden sollten. Es wurden auch unterschiedliche Briefmarken verwendet.

Zoppot, das Weichseldelta, das Danziger und Marienburger Werder und die Hügellandschaft der Danziger Höhe im Westen. Anlieger waren im Osten die deutsche Provinz Ostpreußen, im Süden und Westen die polnische Wojewodschaft Pomorze und im Norden die Ostsee.

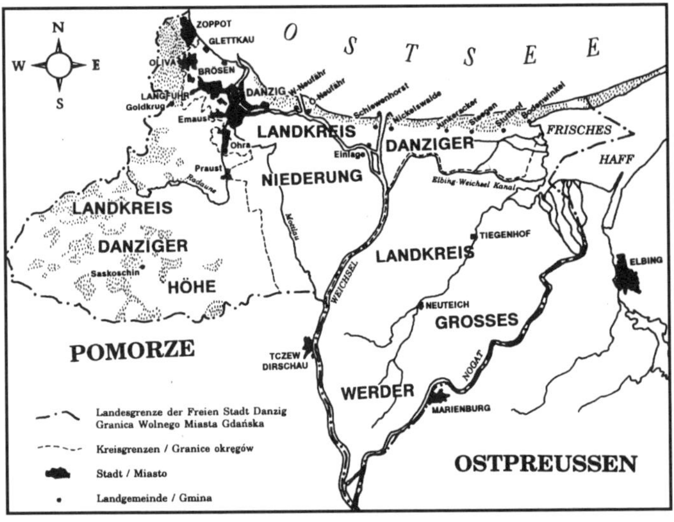

Karte der Freien Stadt Danzig, nach Schmidt u. a. 1993, S. 57

Die Verhältnisse änderten sich 1930 durch eine andere Verfassung, 1933 erlangte die NSDAP die Mehrheit im Volkstag (Danziger Parlament), wodurch sich die Gleichschaltung mit dem Dritten Reich vollzog. Ein außergewöhnliches staatliches und politisches Gebilde mit eigener Staatsangehörigkeit und eigener Währung, dem Danziger Gulden, ging am 1. September 1939 zu Ende. Grass verlor seine Heimat.

Endgültigkeit des Heimat-Verlustes

Die Endgültigkeit des Heimat-Verlustes ist für die *Danziger Trilogie* das eigentliche zentrale Thema. Es ist Heimat-Verlust in einem fremden Land: Es gehörte nicht zu Deutschland, als Grass dort geboren wurde, und es hat mit Deutschland nichts zu tun, als Grass über seine Heimat schrieb.

Günter Grass wurde am 16. Oktober 1927 im damaligen Danziger Vorort Langfuhr geboren. (Heute ist Wrzeszcz ein großer und modernen Stadtteil von Gdańsk.) Danzig-Langfuhr ist ein Handlungsort der *Danziger Trilogie.* Viele Gebäude und Straßen sind heute noch vorhanden; Grass rekonstruierte das Danzig seiner Kindheit in der *Danziger Trilogie*. Die Texte sind als Wegweiser benutzbar. Unweit des **Labesweges 13**, in dem Günter Grass als Kind wohnte und sich ein großer Teil des Romans abspielt, ist die Christuskirche – „früher eine evangelische Kirche, die auch heute noch ein Zwiebeldach mit Uhren hat."[5] Die Realien der Orte werden mit der Biografie des Autors ebenso verschränkt wie mit der Zeitgeschichte. Sie beziehen die Ereignisse auf tatsächliche Vorgänge; es entsteht eine Analyse der psychischen, geschichtlichen und politischen Situation der Kleinbürger eines Danziger Vororts, „Mittelschicht (proletarisch-kleinbürgerlicher Geschiebemergel)" nannte es Grass.[6]

---

5 Schmidt, Sabine, Jan Blaszkowski und andere: *Oskar – Tulla – Mahlke*. In Gdańsk unterwegs mit Günter Grass (zweisprachig). Wydawnictwo „Marpress" Gdańsk 1993, S. 135 f.

6 Günter Grass: *Essays, Reden, Briefe, Kommentare*. In: Werkausgabe 1987, Bd. 9, S. 625

Als *Die Blechtrommel* 1959 erschien, war es Grass' Eintritt in die Weltliteratur, auch wenn die Traditionalisten des deutschen Nationalsozialismus sich mit allen Mitteln zur Wehr setzten. Es gelang ihnen, dass der von der Jury zuerkannte Bremer Literaturpreis (Rudolf-Alexander-Schröder-Preis) 1960 vom Senat der Stadt verweigert wurde, ein einmaliger Eklat in der Geschichte der Bundesrepublik. –
Aus seinen Texten, belletristischen und essayistischen, wird deutlich, dass Grass entschieden die Vorstellung ablehnt, es könnte historische Gesetze geben, aus denen sich Vorstellungen für die Zukunft ableiten ließen. Was er allerdings zulässt, ja geradezu für seine Texte methodisch nutzt, ist die Parallelität von Ereignissen, die Wiederholungen und Analogien. Auf die Frage, wie sich die Ablehnung geschichtsphilosophischer Prinzipien mit der Anerkennung geschichtlicher Analogien vertrage, antwortete Grass:

> *„Mir ist nicht nur im politischen und gesellschaftlichen Bereich, sondern auch bis in den privaten Bereich hinein natürlich aufgefallen, daß wir Menschen Wiederholungstäter sind und gerne in den einmal eingefahrenen Spuren unseren Erfolg wiederholen wollen und bei der Gelegenheit dann auch unsere Fehler wiederholen."*[7]

Es ist der Verstand des Einzelnen, nicht ein gesellschaftliches System, auf den er baut. – Mit dem Roman *Hundejahre* wurde 1963 die *Danziger Trilogie* abgeschlossen. In diesem Abschluss der Trilogie sind die Figuren auf Rettung aus.

---

7 Günter Grass: *Nicht von der Bank der Sieger aus.* Gespräch mit Hubert Winkel (Deutschlandfunk am 27. August 1997). In: NDL, Berlin 1998, Heft 2, S. 20

1.3 Angaben und Erläuterungen zu wesentlichen Werken

Die Bedeutung der Literatur Grass' im 20. Jahrhundert liegt primär in der Tatsache, dass die in Literatur aufbewahrte Heimat, die durch eine falsche und verbrecherische Politik verloren gegangen ist, zu einem bestimmenden Thema geworden und ein solches Thema geblieben ist. Solche Verluste sind einerseits fast alltäglich geworden, andererseits sind sie mit ihrer Bedeutung für das einzelne Leben immer wieder außerordentlich. Im alltäglichen Vorgang die Banalität des Bösen beschrieben zu haben, ist Günter Grass' Verdienst in der *Blechtrommel* und den sie betreffenden Texten, von denen wichtige kurz kommentiert aufgeführt werden:

In Literatur aufbewahrte Heimat

1956	*Die Vorzüge der Windhühner*. Gedichte und Grafiken
1959	***Die Blechtrommel*. Roman**
1960	*Gleisdreieck*. Gedichte, mit Zeichnungen des Verfassers
1961	*Katz und Maus*. Eine Novelle (spielt im gleichen Umfeld wie die *Blechtrommel* und hat ein ähnliches Figurenensemble)
1963	*Hundejahre*. Roman (bildet den Abschluss der *Danziger Trilogie* und reflektiert auch die beiden früheren Teile)
1969	*örtlich betäubt*. Roman (mit Erinnerungen an die Stäuber-Bande)

1972	*Aus dem Tagebuch einer Schnecke* (wichtige Aufschlüsse zur Geschichte Danzigs zwischen 1933 und 1939)
1977	*Der Butt.* Roman (Danzigs Geschichte als europäische Geschichte)
1979	*Das Treffen in Telgte.* Eine Erzählung
1986	*Die Rättin.* Roman (die Geschichte Oskar Matzeraths wird in einem Handlungsstrang fortgesetzt und abgeschlossen, Oskar ist nun 60 Jahre.)
1992	*Unkenrufe.* Eine Erzählung (spielt in Danzig)
1995	*Ein weites Feld.* Roman
1999	*Mein Jahrhundert* (teilt Autobiografisches mit und demonstriert dabei ähnliche frühe Biografien von Oskar und Günter Grass)
2002	*Im Krebsgang.* Eine Novelle (wie das Satyrspiel die antike Tragödie abschloss, fügt sich die Novelle der *Danziger Trilogie* an, ohne allerdings satirisch-heiter zu sein; vielmehr ist die Novelle beängstigend. Vgl. dazu: Rüdiger Bernhardt: *Günter Grass. Im Krebsgang.* Königs Erläuterungen und Materialien, Band 416, Hollfeld: Bange Verlag, 2002).

2. Textanalyse und -interpretation

2.1 Entstehung und Quellen

Vor dem Roman waren in Gedichten Roman-Motive vorhanden: Im Zyklus *Drei Vater unser* wird Gewalt beschrieben: „zersingen die Gläser", Protest dagegen tritt im Bild „Narrenmangel, wer züchtet noch Buckel" auf u. a.[8] Die Entstehung hat Grass beschrieben, aber „Der Autor über sein Buch: ein fragwürdiger Zeuge".[9] – **Der entscheidende Vorgang** bei der Entstehung war die Konzentration auf Oskar Matzerath. 1952 sah Grass einen dreijährigen Jungen, „dem eine Blechtrommel anhing". Ihn faszinierte „die selbstvergessene Verlorenheit des Dreijährigen an sein Instrument, auch wie er gleichzeitig die Erwachsenenwelt (nachmittäglich plaudernde Kaffeetrinker) ignorierte."[10] Auch ein „Säulenheiliger" aus einem nur bruchstückhaft erhaltenen Gedicht stand Pate[11], dessen Blick von oben rücksichtslos in einen Blick von unten verändert wurde. Eine andere Anregung war der Film *Der Dritte Mann* (Regie: Carol Reed), in dem die Kamera dem Blick eines Kindes folgt.[12]

Tradition des Bildungsromans

Die Anregungen weisen auf die Tradition des Bildungsromans hin: Ein Mensch berichtet sein Leben von Kindheit an und geht auf die verschiedenen Erziehungsvorgänge ein. Oskar erzählt als

8 Günter Grass: *Drei Vater unser*. Aus: Die Vorzüge der Windhühner. Berlin 1956 (Bd. I der Werkausgabe 1987)

9 Günter Grass: *Essays, Reden, Briefe, Kommentare*. Werkausgabe 1987, Bd. 9, S. 624–633. Auch in: Grass: *Zeuge*, S. 102–114

10 Grass: *Zeuge*, S. 106, Grass/Zimmermann, S. 60

11 Grass: *Zeuge*, S. 105 f. 1952 schrieb Grass ein Gedicht über einen Maurer, der sich in einer Kleinstadt auf einer Säule ankettete, um von „enthobener" Stelle seine Perspektive zu finden.

12 Grass/Zimmermann, S. 60

ein bereits bei Geburt Vollendeter aber von seiner Nichterziehung, seinen Un- und Missbildungen. Der Erziehungsroman wird auf den Kopf gestellt, sinnvoll zu leben ist wie sich geistig zu entfalten unmöglich. Auch der Künstlerroman wird umgedreht. Oskar zersingt im Fronttheater nicht mehr wie zuvor Glas aus Protest, sondern nach einem künstlerischen Programm. Das ist „die Parodie und die Ad-absurdum-Führung des Künstlerromans"[13]. Das entspricht dem Anliegen des Romans: Er will zeigen, wie die bürgerliche Erziehung und die bürgerliche Kunst durch den Nationalsozialismus auf den Kopf gestellt wurden.

Künstlerroman

Grass' Düsseldorf-Aufenthalt und seine ausgedehnte Lektüre, verbunden mit einem „kreativen Nachkriegsrausch" von Bildhauerei, Zeichnen, Jazz und Dichten[14], gehören neben Danzig zum biografischen Hintergrund. Während der Arbeit an der *Blechtrommel* in Düsseldorf las Grass „wild und lückenhaft"[15], darunter Trakl, Rilke, Charles de Coster, Rabelais, – Grimmelshausen kannte er schon –, Camus, Orwell und andere. Der Literaturfreund wird vieles davon im Roman wieder finden. Auch der Einfluss des flämischen Schriftstellers Louis Paul Boon wird vermutet, der einen Friedhofssteinmetz Oskar und einen Vierjährigen, der sein Wachstum einstellt, in seinem Figurenensemble hat.[16] Sein literarischer Lehrer war, von Grass mehrfach bestätigt, Alfred Döblin. Bei ihm lernte er die Erzählperspektive, die Organisation großer Stoffmassen und die Darstellung gleichzeitiger Hand-

literarischer Lehrer

13 Grass/Zimmermann, S. 54
14 Neuhaus: *Schreiben.* 1997, S. 49
15 Grass/Zimmermann, S. 63
16 Vgl. Werner Frizen: *Anna Bronskis Röcke – Die Blechtrommel in ursprünglicher Gestalt.* In: Neuhaus/Hermes 1991, S. 144–150

lungen. Dabei war das Lehrbuch Döblins *Die drei Sprünge des Wang-lun*, nicht, wie man annehmen möchte, der Roman *Berlin Alexanderplatz.*[17]

Es gab „offensichtlich drei, vier, fünf Manuskriptfassungen"[18], die aber mit einer Ausnahme[19] – der gelegentlich „Urtrommel"[20] genannten – von Grass vernichtet wurden. Von Beginn an war das Kapitel *Der Igel* vorhanden, aber die Oskar kennzeichnenden Prägungen wie Glaszersingen u. a. noch nicht. 1955 nahm Grass erstmals an einem Treffen der Gruppe 47 teil (13.–15. 5. Haus am Rupenhorn in Berlin) und las Gedichte. In den folgenden Jahren besuchte er die Sitzungen, „fiel nie völlig durch, hatte aber auch keinen sonderlichen Erfolg"[21]. 1956 begann in Paris die eigentliche Arbeit: Der Roman trug wechselnde Arbeitstitel wie „Oskar der Trommler", „Der Trommler". Grass suchte lange nach dem Anfang; Oskar erinnert daran. Die Trommel wurde wichtig, „während das Ich noch ohne Inhalt ist"[22]. Das Motiv der Trommel war vor allem bei Heinrich Heine zu finden. Aber auch zeitgenössische Belege gab es. Grass verwendete es in Gedichten, Wolfdietrich Schnurre schrieb ein *Blechtrommellied* (1955). Den trommelnden Zwerg gab es 1919 in des Bildhauers, Ma-

Gruppe 47

Motiv der Trommel

---

17 Grass/Zimmermann, S. 13

18 Vgl. Günter Grass, Dieter Stolz, Claus-Ulrich Bielefeld: *Blick in die Werkstatt: Der Autor und sein verdeckter Ermittler.* In: Sprache im technischen Zeitalter. 34 (1996) 136 Berlin: Aufbau-Verlag (26. 2. 1996 im STUDIO DREI-ForumKultur des SFB 3), S. 304

19 Vgl. zu den von John Reddick entdeckten früheren Fassungen: Werner Frizen: *Anna Bronskis Röcke – Die Blechtrommel in ursprünglicher Gestalt.* In: Neuhaus/Hermes 1991, S. 144–150

20 s. Anm. 17; vgl. auch: Werner Frizen: *Anna Bronskis Röcke – Die Blechtrommel in ursprünglicher Gestalt.* In: Neuhaus/Hermes 1991, S. 144–150

21 Vgl. Hans Werner Richter: *Briefe.* Hg. von Sabine Cofalla. München, Wien: Carl Hanser 1997, S. 74

22 Pelster, S. 54

lers und Dichters Hans Arp *wolkenpumpe*.[23] Als Grass für sein Gedicht *Lilien aus Schlaf* (1955) eine Erklärung gab, sah er den Lyriker als einen Nachzeichner des Vogelflugs oder „der Regen, der auf eine Trommel schlägt, diktiert ihm"[24].
Im Frühjahr 1958 reiste Grass nach Polen, vermittelt durch den Freund Walter Höllerer und Andrzej Wirth, um nach vierzehn Jahren Abwesenheit von Danzig Erinnerungen aufzufrischen, Zeitzeugen zu suchen und Bekannte, schließlich die siebenundsiebzigjährige kaschubische Großtante Anna zu treffen.
Als er 1958 in Großholzleute vor der Gruppe 47 las, zwei Kapitel des Romans, bekam er dafür den Preis der Gruppe von 5.000 DM. Am 1. Februar 1959 wurde der Roman beendet. Einzelne Kapitel erschienen in Zeitschriften, auch in Polen. Der große Erfolg setzte ein. Streit zwischen Grass und Verlagen drohte die Veröffentlichung zu verzögern, aber schließlich erhielt Luchterhand den Vorzug. –
Sieht man sich in der Literaturgeschichte um, fallen Vorbilder ein, die Grass genehm sein könnten: Laurence Sternes Leben und Meinungen des *Tristram Shandy* (1759–67), wo der Held im Gegensatz zu Grass, der die Zeugung der Mutter des Helden beschreibt, Beobachter seiner Zeugung ist; Oskars Zwergengröße, auf eigenen Wunsch, erinnert an E. T. A. Hoffmanns *Klein Zaches genannt Zinnober* (1819). Die Grimm'schen Märchen sind präsent: Oskar alias Rumpelstilzchen oder Däumling. Jean Pauls *Siebenkäs* mit der Verkündigung, dass es keinen Gott gibt, fand Grass selbst beispielhaft. Das zwergenhafte Kind Oskar ist unheimlich wie Zwergenkinder

Vorbilder

23 Vgl. dazu: Arker, S. 36 ff.
24 Günter Grass: *Der Autor sagt zu seinem Gedicht* (3. 9. 1955 Frankfurter Neue Presse) In: Grass: *Zeuge*, S. 10

in Märchen und Sagen; sie sind aber auch Hoffnung. – Einige Szenen erinnern an Gerhart Hauptmanns Werke: Die Geschichte der Danziger Galionsfigur Niobe ist Hauptmanns Erzählung *Das Meerwunder* sehr ähnlich, bei der Szene in den Ateliers der Kunstakademie und dem Bild des „Krüppels" als Gekreuzigten (607) fällt Hauptmanns *Michael Kramer* ein, die zusammenbrechenden Tonentwürfe der Bildhauerklasse (612) kennt man aus Hauptmanns Bildhauerstudien in Rom.

Gerhart Hauptmanns Werke

Es war die Ortsveränderung von Berlin nach Paris 1956, die Grass befähigte, ihm „Sprache und Atem" gab, „um auf tausendfünfhundert Seiten in Prosa das zu schreiben, was mir trotz und nach Auschwitz notwendig war. Angetrieben von berufsspezifischer Vermessenheit, befördert durch anhaltende Schreibwut, ohne Unterbrechung, wenn auch in mehreren Fassungen, so entstanden in Paris, dann, nach meiner Rückkehr ab 1960 in Berlin, die Bücher *Die Blechtrommel, Katz und Maus* und *Hundejahre*." [25] Unter den Begleitern und Anregern der Arbeit war besonders wirksam **Paul Celan**, der ihm begreiflich machte, dass es nach Auschwitz kein Ende der Literatur gäbe. Er wies ihn auf Rabelais' *Gargantua und Pantagruel* hin, der wichtig wurde. Das Kapitel *Glaube Liebe Hoffnung* am Ende des 1. Buches hat Versatzstücke aus dem Märchen übernommen wie „Es war einmal ...", aber es ist vor allem durch sich wiederholende und variierende Textabschnitte fugenähnlich gefügt. Das führte zu der nicht unberechtigten Annahme, hier habe Celans *Todesfuge* nachgewirkt.[26]

25 Grass: *Zeuge*, S. 211

26 Vgl. Günter Grass, Dieter Stolz, Claus-Ulrich Bielefeld: *Blick in die Werkstatt: Der Autor und sein verdeckter Ermittler.* In: Sprache im technischen Zeitalter. 34 (1996) 136 Berlin: Aufbau-Verlag (26. 2. 1996 im STUDIO DREI-ForumKultur des SFB 3), S. 307

Die Bevorzugung Danzigs und des Preußenlandes als Handlungsort folgte Grass' Biografie. Der Großvater Friedrich Grass besaß in der Elsenstraße im Danziger Vorort Langfuhr ein Mietshaus, in dessen Hof er eine Tischlerei betrieb. In diesem Vorort ist Grass aufgewachsen. Das Langfuhr von einst ist heute kein Vorort mehr, sondern lebendiges Danzig und Handelsmittelpunkt der Stadt. Aber alles, was in der *Danziger Trilogie*, so von dem britischen Germanisten John Reddick genannt, scheinbar provinziell geschieht, ist verlängerbar als Geschichte des deutschen Kleinbürgertums; Ereignisse und Handlungen sind darauf ausgelegt, diese Vergleiche zu tragen. Oskar Matzerath und Danzig sind konstituierende Elemente der *Danziger Trilogie* und gleichzeitig Entsprechungen beziehungsweise Abbilder von Weltgeschichte. Persönlichkeitsgeschichte und Weltgeschichte fallen in der Gestalt Oskar Matzeraths zusammen. Die Texte sind voller Anspielungen, die Rückschlüsse auf Denkvorgänge ermöglichen und beträchtlichen Spielraum lassen, weil sie nicht eindeutig sind. Die Beziehung, die zwischen erlebter Wirklichkeit und ihren literarischen Abbildern entsteht, in gleicher Weise zwischen dem Schriftsteller Günter Grass und seinen Figuren, ist eine Beziehung der Spiegelung.

Bevorzugung Danzigs und des Preußenlandes als Handlungsort

Beziehung der Spiegelung.

2.2 Inhaltsangabe

Oskar Matzerath ist in eine Heil- und Pflegeanstalt in Düsseldorf zwangseingewiesen worden. Vom Herbst 1952 bis zum September 1954 schreibt der knapp Dreißigjährige die Geschichte seines bisherigen Lebens nieder. Sie soll Oskars merkwürdiges Verhalten in verschiedenen Situationen erklären und versteht sich, obwohl nirgends so genannt, als Gegenentwurf zu Autobiografien wie Ernst von Salomons *Der Fragebogen* (1951), in der sich der Autor von seinen politischen Irrtümern im Nazisystem distanzierte.

Gegenentwurf zu Autobiografien

1. Buch: Oskar Matzerath, seit 1952 Insasse in einer geschlossenen Station der Heil- und Pflegeanstalt, ertrommelt sich auf seiner blechernen Kindertrommel seine Lebensgeschichte. Wunsch des Erzählers ist die Rückkehr zum Urzustand, „zur Nabelschnur" (229). – Er berichtet von der Zeugung seiner Mutter 1899 in der Kaschubei während der Verfolgung seines polnisch-nationalen Großvaters durch wilhelminische Feldgendarmerie. Der flüchtet sich unter die vier Röcke der Großmutter und verschafft dieser ein Erlebnis „wie am ersten Tag oder am letzten" (18), also Schöpfung oder Verdammung. Der Großvater, der nach einer Schnelltrauung mit seiner Frau nach Danzig übersiedelt und eine neue Identität annimmt, wird enttarnt, flieht und kommt unter den Flößen um oder entkommt nach Amerika. (Der Roman *Die Rättin* bestätigt später die zweite Variante.) 1923 heiratet der protestantische Kolonialwarenhändler Alfred Matzerath aus dem Rheinland die katholische Tochter Agnes des Vermissten, die unter den vier Röcken auf dem Kartoffelacker gezeugt wur-

1. Buch

de. Im September 1924 wird Oskar geboren. – Dem dreißigjährigen Erzähler Oskar dienen Blechtrommel, mit der er „Gedächtnisschwund" (735) beseitigen kann und die einzelnen Kapitel erinnert, und Fotoalbum als Erinnerungsmaterial. Dabei erscheint es ihm durchaus möglich, dass die enge Dreieckbeziehung zwischen seiner Mutter, deren Mann und ihrem Cousin Jan Bronski auch für ihn Folgen hatte und Jan sein Vater sein könnte. Seine Eltern versprechen ihm zum dritten Geburtstag eine Blechtrommel. Oskar, der sich als frühvollendetes Kind vorstellt – der „Dreijährige, aber auch Dreimalkluge" (71) –, beschließt, mit drei Jahren sein Wachstum einzustellen; dazu fingiert er einen Treppensturz. Das versetzt ihn in die Lage, die Sinnlosigkeit des kleinbürgerlichen Lebens zu erfassen und sie durch seine lärmenden Trommeleinlagen auszustellen. – Nach seinem dritten Geburtstag wächst Oskar nicht mehr, kann auf der Blechtrommel „eine notwendige Distanz" (75), aber auch Erinnerung ertrommeln und verfügt über die märchenhafte Fähigkeit, Glas zu zersingen. 1931 kommt Oskar in die Schule, besucht diese einen Tag und bemüht sich selbstständig um Bildung. Dazu benutzt er eine Biografie Rasputins und Goethes Roman *Die Wahlverwandtschaften*. Diese Extreme werden der polaren Veranlagung Oskars, seinen „zwei Seelen" (118), gerecht. Er steht nun außerhalb der sozialen Zwänge und Verpflichtungen und wird der Schrecken seiner Umgebung. Diese ist territorial noch sehr beschränkt und erstreckt sich auf Danzig-Langfuhr, Saspe, Brösen und andere Orte; es ist die kleine Welt der Familie, in der Oskar seine Trommel einsetzt und seinen Mitmenschen mit seinem Singen Fallen stellt. Er ist Zeuge des intimen Verhältnisses seiner Mutter zu Jan, zersingt aus Protest

Erinnerungsmaterial

Fähigkeit Glas zu zersingen

die Fenster des Stadttheaters und zertrommelt unter einer Tribüne sitzend eine Kundgebung der Nationalsozialisten, nachdem ihm der Liliputaner und Musikclown Bebra, den er im Zirkus kennen lernte, als Erfahrung vermittelt hat, nie vor einer Tribüne zu stehen, sondern immer auf ihr zu sitzen. „Die politischen Ereignisse der nächsten Jahre gaben ihm recht: Die Zeit der Fackelzüge und Aufmärsche vor Tribünen begann." (145) Bis November 1938 treibt er dieses Spiel. – Oskars Sehnsucht gehört den Röcken der Großmutter, unter denen er liegen möchte. Das Gefühl überkommt ihn besonders dann, wenn die Großmutter in Langfuhr ihre Produkte verkauft. Sein Singen setzt Oskar auch ein, um Menschen zum Diebstahl zu verführen, am 18. Januar 1937 auch Jan Bronski, der das gestohlene Rubincollier Oskars Mutter schenkt. In der Herz-Jesu-Kirche versucht Oskar in der Karwoche 1937, dem Jesus-Kind das Trommeln beizubringen; das Wunder bleibt aus. Am Karfreitag dieser Woche erlebt Oskar den Aalfang an der Ostsee – der Aal ist Symbol des Todes und Phallusmotiv im Roman –, der seiner Mutter große Übelkeit bereitet und Beginn ihres Endes ist. (Diese Szene (191 ff.) gehört zu den umstrittenen und heftig diskutierten des Romans, auch weil sie unbeabsichtigte Wirkungen hatte: Mancher hat nach dieser Szene nie wieder Aal gegessen.) Oskars Mutter stirbt an einer beabsichtigten Fischvergiftung, mit der sie möglicherweise auch einen Schwangerschaftsabbruch herbeiführen wollte. Oskar findet in der Familie Truczinski sorgende Menschen und in Herbert Truczinski, den Kellner und Museumswärter, einen wirklichen Freund, der einen schrecklichen Tod findet, als er die Galionsfigur Niobe „bespringen" wollte. – Oskar sieht die Kristallnacht. Sein Spielzeughändler Sigismund Markus, ein Jude, der ihm

der Aal

die Blechtrommeln besorgte und mit seiner Mutter und Oskar nach England fliehen wollte, nimmt sich das Leben.

2. Buch

2. Buch: Die freundschaftlich familiären Beziehungen lösen sich auf; die Spannungen zwischen Deutschen und Polen werden größer. Auf der Suche nach dem Hausmeister Kobyella, der Oskars Trommel reparieren soll, trifft Oskar mit Jan Bronski in der polnischen Post ein, erlebt dort den Beginn des Zweiten Weltkrieges und nimmt an der Verteidigung der Post teil. 51 polnische Postbeamte verteidigen die Post gegen SS- und Wehrmachtsverbände. Dabei findet er eine fast unversehrte Blechtrommel. Er verrät seinen Vater, den Kaschuben und Sekretär der polnischen Post Jan Bronski, an die SS-Heimwehr, Bronski wird erschossen. (Die 39 überlebenden Polen wurden von den Nazis erschossen.) Oskar wird von Leo Schugger, einem ehemaligen Priesterseminaristen, der verwirrt ist (sprechender Name: Schugger – meschugge, umgangssprachlich: verrückt), an den Ort beim Friedhof in Saspe geführt, wo Jan Bronski erschossen wurde. Um Haushalt und Geschäft zu führen, holt Alfred Matzerath Maria Truczinski in die Wohnung. Sie wird Oskars Geliebte und von ihm geschwängert. Bald schläft auch Alfred mit ihr und er heiratet sie. Oskar kommentiert: „Mein Vater heiratete meine zukünftige Frau, nannte später meinen Sohn Kurt seinen Sohn Kurt, verlangte also von mir, daß ich in seinem Enkelkind meinen Halbbruder anerkannte ..." (374). 1941 kommt Oskars Sohn Kurt auf die Welt. Oskar hat ein Verhältnis mit der „immer übler riechenden Schlampe" (386) Lina Greff, deren Mann homosexuell ist und sich im Oktober 1942 aufhängt, nachdem er eine Vorladung von der Sittenpolizei bekommen hat.

glastötender Trommler

Oskar tritt als „glastötender Trommler" in Bebras Fronttheater auf, besichtigt den Atlantikwall und erlebt dort ein Frühstück auf dem Kampfplatz, das als Einakter in den Roman aufgenommen wurde. Er erlebt den Beginn der Invasion; seine aktuelle Geliebte Roswitha wird dabei getötet. Oskar kehrt 1944 unverletzt nach Danzig zurück, um rechtzeitig zum 3. Geburtstag seines Sohnes Kurt zu kommen. Der Sohn Kurt erkennt ihn nicht als Vater, verprügelt Oskar und zertrümmert die ihm geschenkte Blechtrommel. Maria, der der protestantische Gottesdienst nicht mehr genügt, will konvertieren und besucht mit Oskar die Herz-Jesu-Kirche. Oskar erlebt dort ein Wunder: Das Jesuskind in der Herz-Jesu-Kirche nimmt Oskars Belehrung an und trommelt auf der Blechtrommel bekannte Gassenhauer wie *Lili Marleen*. Gewarnt von Satan, entscheidet sich Oskar doch, „Nachfolger" von Jesus zu sein (471). Matzerath verhindert, dass Oskar als Kretin getötet wird; er unterschreibt die Einwilligung erst, als keine Post mehr ausgetragen wird.

In einer Bande, die sich die „Stäuber-Bande" nennt und von Oskar als seine Jünger bezeichnet wird, wird er zum Führer im Kampf gegen die Erwachsenen. Er dringt mit seiner Bande in die Herz-Jesu-Kirche ein, raubt Figuren und zelebriert eine Messe. Dabei wird die Bande verhaftet, Oskar zieht sich auf seine Rolle als unwissendes dreijähriges Kind zurück und wird freigesprochen. Oskar hat sich in die Rolle eines Messias gefügt, der auf das Böse der Welt hinweist, obwohl er selbst das Böse ist. Der alte Matzerath verschluckt am Ende des Krieges voller Angst das Parteiabzeichen, das Oskar ihm reicht, absichtlich gereicht hat, wie er bei der Beerdigung bekennt, und wird von einem sowjetischen Sol-

Weltgeschichte ist mit der Familiengeschichte deckungsgleich

daten erschossen. Die Banalität des Bösen gerät zur Groteske.[27] Die Weltgeschichte ist mit der Familiengeschichte deckungsgleich geworden: Während Alfred Matzerath erstickt und erschossen wird, zerdrückt Oskar Matzerath eine Laus.

Bei Kriegsende wird die Greffsche von Russen vergewaltigt, „fand sich dann aber schnell in jene ihr fast in Vergessenheit geratene Lage" (516), hat bald die Wohnung voller Russen, „man hörte sie singen" (524). – Die Beerdigung Matzeraths wird für Oskar der Anlass, seine Blechtrommel begraben zu lassen, seine erste Laufbahn als Trommler zu beenden und sich für Wachstum zu entschließen. Neue Mieter ziehen in Oskars Haus ein. Herr Fajngold, zuvor Desinfektor im Vernichtungslager Treblinka, wo seine gesamte Familie ermordet wurde, übernimmt Matzeraths Kolonialwarenladen. Oskar siedelt mit Maria und Kurt nach Düsseldorf über. Den Aufbruch in Danzig lässt Oskar Bruno, seinem Pfleger, beschreiben, da er durch einen erneuten Wachstumsschub von 121 cm auf 123 cm weder trommeln noch schreiben kann. Auf der Flucht aus Danzig war Oskar gewachsen, von 94 cm auf 121 cm, verlor aber seine „glaszersingende Potenz" (561). Oskar wird erst in ein Krankenhaus in Lüneburg, bald darauf in die Universitätsklinik in Hannover (562), schließlich in die Städtischen Krankenanstalten Düsseldorf eingewiesen.

3. Buch

3. Buch: Im Mai 1946 wurde Oskar aus dem Düsseldorfer Krankenhaus entlassen. Er wird sofort in den Schwarzhandel Marias, die „in Kunsthonig" macht (567), eingebunden. Der Versuch, seine Bildung durch Volkshochschule und British Center zu

27 Vgl. dazu Cepl-Kaufmann, S. 277

erweitern, misslingt, die Lektüre ging „durch mich hindurch" (571). Er versucht sich als Steinmetz. Es mangelt ihm an Kraft, aber beim Schriftklopfen und bei Bildhauerarbeiten ist er unübertroffen. Da man Grabdenkmäler auch mit Kleiderstoffen bezahlt, wird Oskar neu eingekleidet und bekommt dadurch etwas „dämonisch Intellektuelles" (590). Seine Freizeit verbringt er in Tanzlokalen, vor allem in der „Löwenburg", die ihm auch sexuelle Abwechslung mit Mädchen vom Fernsprechamt verschafft. Als er auf dem Friedhof von Oberaußem[28] ein Denkmal setzt, reflektiert er bei einer Umbettung über den Ringfinger der umzubettenden Leiche. Ein Ringfinger ist später Ausgangspunkt für den Prozess gegen Oskar. Er sieht sich Yorick und Hamlet ähnlich, vor allem dem Narren, und kommt schließlich zu einer an Hamlet erinnernden Frage „Heiraten oder Nichtheiraten, das ist hier die Frage" (603). Waren es früher Goethe und Rasputin, die ihn gegensätzlich bestimmten, so hat er nun die Gegensätze verinnerlicht und sieht sie in Hamlets „Sein oder Nichtsein". Maria, der er seinen Heiratsantrag macht, schlägt den aus. Oskar kündigt nach Marias Absage beim Steinmetzen, sagt dem Leben als Ehe- und Biedermann ab und fällt „der Kunst anheim" (604). Seine neue Karriere beginnt als Modell in der Kunstakademie. Bei einem Künstlerfest zum Karneval trifft er den Obergefreiten Lankes vom Atlantikwall wieder, durch ihn lernt er Ulla kennen, die Oskar ebenfalls als Modell an der Kunstakademie unterbringt. Sie stellen miteinander Szenen dar wie „Faun und Nymphe", auch „Die Schöne und das Untier" (618). Schließlich wird auch ein Bild

Narr

28 In Niederaußem fand Grass nach dem Krieg seine Familie, Vater, Mutter und Schwester, in der Futterküche eines katholischen Großbauern wieder. Vgl. Neuhaus 1997, S. 42

„Madonna 49"[29] gemalt, auf dem Ulla die Madonna, Oskar das Jesus-Kind ist. Als Maria ihn verprügelt, nachdem sie das Bild gesehen hat, und als „Hurenbock" beschimpft (621), verlässt er die gemeinsame Wohnung.

Oskar zieht ins Badezimmer zu Zeidlers, Jülicher Str. 7. (Grass' erstes eigenes Zimmer war ein Badezimmer.) Eine ihm vom Maler Raskolnikoff geschenkte neue Blechtrommel bringt er mit. In dieser Wohnung wohnt die Krankenschwester Dorothea Köngetter. Krankenschwestern sind ein Leitmotiv des Romans. Oskar liebt sie als Verkörperung von Erotik und Tod, auch seine Mutter hatte Alfred Matzerath als Krankenschwester kennen gelernt. Oskar liebt Dorothea, ohne sie gesehen zu haben. Als sie von einem Dr. Werner Briefe bekommt, wird Oskar eifersüchtig, untersucht ihr Zimmer, sammelt sich eine Locke ausgefallener Haare – Dorothea leidet unter Haarausfall –, öffnet Briefe, befriedigt sich in ihrem Kleiderschrank selbst und trommelt wieder. Ein Lackgürtel wie ein Aal im Schrank Dorotheas (Phallusmotiv) löst einen Erinnerungsstrom aus, der in prägnanten, vor allem mit Farben gespickten Bildern Oskars bisheriges Leben wie einen Film ablaufen lässt (649 ff.), der im Gegensatz Weiß (Krankenschwester, Liebe) und Schwarz (Schwarze Köchin, Angst) gipfelt. Ein anderer Untermieter ist der Jazzmusiker Klepp, den der Leser kennt, weil er Oskar am Krankenbett besucht. Er wird von Oskar aus seiner widerlich traurigen Situation befreit, Oskars Trommel leistet Wesentliches dabei, den vor sich hin faulenden Münzer alias Klepp zu

Krankenschwester

29 Der Titel korrespondiert mit Edvard Munchs „Madonna" (1902), deren Modell Dagny Juel ähnlich erotische Wirkung hatte wie sie Oskar dem Modell Ulla zubilligt („Die Schamhaare kraus rötlich, nur ein kleines Dreieck bewachsend.", 618). Auf Munchs Bild ist statt des Kindes oder eines Kretins ein Embryo zu sehen. Munchs Bild war als Gemälde und als Druck bekannt, Raskolnikoffs Bild als Gemälde und Plakat.

erlösen. Klepp und Oskar beschließen eine Jazzkapelle zu gründen. Sie suchen dafür einen „Giutarristen". Oskar lernt dabei Düsseldorf gründlich kennen. Dorothea hält Oskar für den Satan, aber der satanische Geschlechtsverkehr zwischen beiden misslingt. Dorothea verlässt die Wohnung, Klepp und Oskar gründen am nächsten Morgen am Rhein die Jazzkapelle „The Rhine River Three". Der Gastwirt Schmuh engagiert sie als Band für seinen *Zwiebelkeller*, einer neuen und teuren Kleingaststätte, in der man so lange Zwiebel schneidet, bis man im „tränenlosen Jahrhundert" (693) weinen kann. Es ist die satirische Beschreibung der fehlenden Trauer und Bereitschaft zur Sühne für die Schrecken der Vergangenheit. Skurrile Beziehungen und Schicksale lernt Oskar dort kennen, von denen er einige an den Leser weitergibt. Oskar trommelt die Besucher der Bar in die Kindheit zurück und lässt sie ihre kindlichen Bedürfnisse befriedigen. Ein Konzertagent, der daran teilnimmt, will Oskar als Star verpflichten und gibt ihm einen Vorschuss. Oskar bittet sich Bedenkzeit aus und macht eine Reise an den Atlantikwall, zu der er den einstigen Obergefreiten und jetzigen Maler Lankes einlädt. Die Reise wird zu einer Variation und Wiederholung des Besuchs während des Krieges: Sie treffen den ehemaligen Kommandeur der Bunker, Herzog, wieder; die Nonnen, die einst in der Schusslinie auftauchten und deshalb erschossen wurden, erscheinen wieder und Lankes verführt eine Novizin, die schon 1944 Agneta hieß. Als sich Oskar nach der Rückkehr bei der Konzertagentur „West" meldet, trifft er Bebra als Chef wieder. Der zählt die Toten auf, an denen Oskar mitschuldig wurde: Roswitha, Oskars Mutter, Jan Bronski, Alfred Matzerath. – Oskar, der Trommler, wird von der Agentur wie ein „Zauberer, Gesundbeter

Trauer und Bereitschaft zur Sühne

... Messias" (733) angekündigt und wird durch Schallplatten reich. Er kauft Maria, die sich dafür von ihrem Geliebten Stenzel trennen muss, ein Feinkostgeschäft „in bester Geschäftslage" (737). Bebra stirbt, Oskar wird sein Erbe. Er führt ein einsames Leben. Beim Spaziergang mit einem geliehenen Hund findet dieser eines Tages einen weiblichen Ringfinger, der sich als Finger Dorotheas erweist. Gottfried von Vittlar, den er bei dieser Gelegenheit kennen lernt und der sein Freund wird, zeigt Oskar in Absprache mit ihm bei der Polizei an, um ihre Langeweile zu bekämpfen. Als beide eine Straßenbahn entführen, steigen unterwegs wie ein Spuk ein „zum Tode Verurteilter und zwei Henker" (757) ein; der Verurteilte ist der polnische Geldbriefträger Viktor Weluhn, der die polnische Post mitverteidigte. Die von Oskar herbeigetrommelte polnische Kavallerie beseitigt den Spuk. Da Oskar angezeigt ist, flieht er, um den Verdacht zu verstärken, nach Paris. Dort wird er verhaftet und nennt sich „Jesus", nachdem er das christliche Glaubensbekenntnis für sich umgeschrieben hat. Nach dem Prozess wird er in die Heil- und Pflegeanstalt eingewiesen, wo er seine Lebensgeschichte erzählt. Er erfährt an seinem dreißigsten Geburtstag, dass er unschuldig sei und der Prozess neu aufgerollt werde. Nun muss er sein Leben neu gestalten: „Heiraten? Ledigbleiben? ... Steinbruch kaufen? Jünger sammeln? Sekte gründen?" (777) Es bleibt die Schreckensvision der Schwarzen Köchin, die Personifikation der Angst, weil Oskar nun, ungeschützt durch die Heil- und Pflegeanstalt, mit seiner Schuld in die Gesellschaft zurückkehren muss.

2.3 Aufbau

Der Roman handelt auf **zwei zeitlichen Ebenen**: 1899 bis 1952, 1952 bis 1954. In der zweiten Zeit wird die erste erzählt. Schreibvorgang und Anstaltsalltag korrespondieren mit der Autobiografie und werden deshalb parallel geführt.
Die drei Bücher, in die der Roman gegliedert ist, entsprechen drei geschichtlichen Abschnitten, wobei der jeweilige Einschnitt Auswirkungen auf Oskars Leben verfolgt:

1. 1899–8. November 1938 (Kristallnacht) - Oskar verliert seinen Trommellieferanten.
2. Der Zweite Weltkrieg — Zu Beginn und am Ende ist Oskar am Tod seiner Väter mitschuldig.
3. Kriegsende 1945–1954 — Oskar muss Danzig verlassen und kommt nach Düsseldorf; der Roman endet mit dem unbeschützten Eintritt in die feindliche Außenwelt.

Der erste Satz des Romans: Von ihm aus wird die Perspektive des Romans gelenkt; sie ist subjektiv, nach Maßgabe der Ärzte Oskars krankheitsbedingt und zudem eingeschränkt: Ein „Guckloch" (9) und ähnliche Löcher ermöglichen den Blick in und auf die Außenwelt. Im übrigen ist Erinnerung gefragt, diese wiederum wird aber von einem ungewöhnlichen Erzähler sortiert, von einem „Insassen einer Heil- und Pflegeanstalt" (9). Grass hat sich in einem Rückblick dazu geäußert: Mit dem ersten Satz

> *„fiel die Sperre, drängte Sprache, liefen Erinnerungsvermögen und Phantasie, spielerische Lust und Detailobsession an langer*

Leine, ergab sich Kapitel aus Kapitel, hüpfte ich, wo Löcher den Fluß der Erzählung hemmten, kam mir Geschichte mit lokalen Angeboten entgegen ...“[30].

Oskar erzählt weitgehend den Roman, ein Einakter am Atlantikwall entzieht sich allerdings seinem Erzählen. Am Dialog dieser Szene ist Oskar kaum beteiligt, aber er meldet sich erstmals als Dichter zu Wort, der mit dem Material umgehen kann, das auch Grass verwendet (z. B. mit dem Begriff „Biedermeier“). Auch als Erzähler ist Oskar nicht eine durchgehend einheitliche Gestalt. Es ist ein kompliziertes Unternehmen, die verschiedenen Erzähler des Romans zu bestimmen, die sich in Oskar verbinden, sie erscheinen, wenn man es vereinfacht, in folgender Ausprägung:

Erzähler des Romans

1. **Günter Grass,** der eigene Kindheits- und Jugenderfahrungen Oskar Matzerath auflegt, selbst aber nur selten zu Wort kommt. Für die Unterschiede in beiden Biografien, vor allem beim Geburtsjahr, erklärte Grass:

Grass

„Ich könnte für mich nicht garantieren so wie ich bis 1945 aufgewachsen bin – drei Jahre früher geboren, ... hätte ich unter Umständen in verbrecherische Vorgänge tätig hineinverwickelt sein können.“[31]

2. **Ein auktorialer Erzähler,** der erzähltheoretisch alles weiß und außerhalb der Ereignisse steht, von Grass eingesetzt wurde,

auktorialer Erzähler

30 Grass: *Zeuge*, S. 108
31 Vormweg, S. 15

manchmal korrigierend dem Erzähler oder Oskar entgegentritt oder, Korrektur anmeldend, auf diese verzichtet. So bezichtigt er den erzählenden Oskar der Lüge, bringt aber sein Wissen nicht ein (318).

Der personale Erzähler Oskar

3. Der personale Erzähler Oskar: Das ist der Dreißigjährige in der Heil- und Pflegeanstalt, der perfekt trommeln kann und sich seine Erinnerungen ertrommelt, aber kein Glas mehr zersingt. Er weiß weniger als der auktoriale Erzähler, aber mehr als das Kind Oskar.

Das Kind Oskar

4. Das Kind Oskar, das sich nur selten rede- und erzählfähig zeigt: Es spricht während der Verteidigung der polnischen Post (Beim Skat wird „zum erstenmal meine Stimme für die Sprache der Erwachsenen" eingesetzt, 307) und mit den Liliputanern im Fronttheater. Noch 1946 weist Maria Oskar zurecht, vor ein paar Monaten hätte er „noch nich mal nich baff sagen" können (569).

Eine selten fassbare Erzählerfigur

5. Eine selten fassbare Erzählerfigur: Sie kommentiert Oskars Erzählungen aus eindeutig kritischer politischer Beurteilung heraus und polemisiert etwa gegen die von den Landmannschaften vorbereitete fünfte Teilung Polens, „Revanche im Herzen", (135). Sie hat an Oskar den Auftrag delegiert, „meine verworrene Vorgeschichte wortreich zu entwirren" (551). Sie steht über ihm, bietet ihm aber Material. Es ist ein auktorialer Erzähler mit den Zügen des Günter Grass, der seine Vorgeschichte von sich abspaltet, um sie dem Erzähler Oskar anzuvertrauen und so das zu ereichen, was mehrfach benannt wird: die ausgeglichene Verbindung des Göttlichen und des Teuflischen, des Geordneten und des Chaotischen, des Aufklärerisch-Klassischen und des Surrealistischen, Goethes und Rasputins – und diese ausgeglichene Verbindung der Gegensätze ist das Bild, das Günter Grass von sich entwirft. Es ist aber auch der Versuch, die Vergangenheit nicht zu verdrängen und der Gegenwart als Erfahrung zu vermitteln.

Bild, das Günter Grass von sich entwirft

Zusätzlich gibt es fremde Erzähler, die berichten oder sich melden:

- Oskars Pfleger Bruno Münsterberg erzählt vom Abschied aus Danzig, als Oskar durch einen weiteren Wachstumsschub am Erzählen gehindert ist (551 ff.);
- Gottfried von Vittlars Aussage über Oskars mögliche Schuld und Oskars Finger-Gebet (745 ff.). –

Mit **dem ersten Wort** „Zugegeben" relativiert der erzählende Oskar den Wahrheitsgehalt seiner Aussagen, denn es erscheint wie eine Antwort auf den Vorwurf, dass er wegen des Aufenthaltes nicht ernst zu nehmen sei. Er ist wenig glaubhaft und seine Erzählungen können Lügen sein. Lügen sind aber Dichtungen. Schon als Dreizehnjähriger tischte Grass seiner Mutter „gerne Lügengeschichten" auf, weshalb diese ihn Peer Gynt (nach Henrik Ibsens großem dramatischem Gedicht) nannte. Er hätte gern den Nachweis angetreten, ein erfolgreicher Peer Gynt zu sein, aber die Mutter starb 1954.

Der Leser hat weder eine Chance, die Wahrheit zu finden, noch kann er den Erzähler verurteilen, da er sich auf seinen Geisteszustand *und* die Ästhetik berufen kann. Der erste Satz des Lebensberichts beschäftigt ihn auch noch, als er längst einen gefunden hat. Daraus entsteht eine Art Schelmenroman. Seine Grundlage besteht in Oskars Isolation: Er ist für die Gesellschaft „ein Monstrum, das man – je nachdem – haßt,

Schelmenroman

32 Mayer, 1969, S. 38

bemitleidet oder verhätschelt"[32]. Gemeint ist die Gesellschaft im Roman; der Leser sollte sehr wohl zwischen einem Monstrum und dem normalen dreijährigen Kind, das in eigener Entscheidung sein Wachstum einstellt und dafür noch Begründungen schafft, unterscheiden können.[33] Nach einer dreiseitigen Einleitung fragt Oskar immer noch „Wie fange ich an?" (11) Der Sprecher geht ironisch distanziert mit seinem Romananfang um; er benötigt keine theoretischen Festlegungen, um zu erzählen. Es wird aber auch deutlich, dass der Erzähler ein Sprecher ist. Sein Erzählen ist rhetorisch und bezieht den fiktiven Hörer stets mit ein. Er stellt den Freund und Pfleger vor, zeigt sich gut unterrichtet über ästhetische Vorgänge.

Die Kapitel der drei Bücher sind in der Regel abgeschlossene Stationen, die der Erzähler durch sein Trommeln erinnert. Eine chronologisch gegliederte und übersichtliche Handlung ist erkennbar, aber es dominiert eine subjektive Abfolge der Logik des Trommlers. Für den Leser werden Möglichkeiten geboten, bekannte Szenen wiederzuerkennen und sich dadurch bestätigt zu sehen. Zu diesen Szenen gehören vor allem die auf Goethe und Rasputin zielenden (vgl. S. 101), aber auch einzelne Parallelen zu Goethes *Faust*, zu Dumas, Dostojewski, Melville, Gerhart Hauptmann u. a. Dabei ist es unwesentlich, ob diese Entsprechungen beabsichtigt oder „unterlaufen" sind, sie suggerieren dem Leser literarische Sicherheit in einer verwirrenden Handlung aus wirrer Zeit. Im Zusammenhang mit den zahlreichen Zitaten, Anspielungen und Verweisen hat der Leser das Gefühl, vieles vom Erzählten sei ihm bekannt. Vereinseitigende Zuord-

---

33 Vgl. dazu Grass' Aussage im Zusammenhang mit dem Film *Die Blechtrommel*. In: Karena Niehoff: Ein Herz aus Glas. Schlöndorffs Grass-Verfilmung *Die Blechtrommel* uraufgeführt (Der Tagesspiegel vom 5. 5. 1979)

nungen des Romans, er habe „eine ausgeprägte Affinität zum französischen Existenzialismus in seiner absurdistischen Ausformung"[34], bedacht werden. Der ursprüngliche Reiz des Romans ist auch ohne Kenntnis dieser Beziehungen für den naiven Leser gegeben, sie erhöhen aber die Selbstbestätigung des literarisch Gebildeten.

Karussell

Ein organisierendes Element des Aufbaus ist das Karussell. Es erscheint erst gegen Ende des 2. Buches als Objekt in den Fieberträumen Oskars (541), ist aber als Vorstellung und in Entsprechungen von Beginn an vorhanden. Vorbild dürfte Rilkes Gedicht *Das Karussell* (1907) gewesen sein, Grass las während der Entstehung des Romans unter anderem intensiv Rilke. Das Karussell steht für unendlichen Kreislauf. Ihm entspricht von Beginn an das Bild des Kreises: Zuerst ist es die Großmutter mit den sich rundenden Röcken (13), die „kreisförmig" kaute (17) und während der Zeugung als rundes Mutterbild erscheint. Dann ist es die Blechtrommel als ein Kreisrund, aus der Oskars Lebensgeschichte geschlagen wird. Ihm folgt der Zirkel, mit dem Oskar seine Familienverhältnisse aus dem uninteressanten Viereck in das spannende Dreieck überführen will (64 f.). Danach singt Oskar kreisrunde Löcher in das Glas, um Menschen zum Diebstahl zu verführen (162), usw. Kreislauf ist bereits vor Erscheinen des Symbols durch Wiederholungen suggeriert worden. Ihren Höhepunkt erreichen diese Wiederholungen in Oskars Fiebertraum vom Karussell, er „fuhr, fuhr, fuhr" (541). Unterstützt wird das durch Wortwiederholungen wie „da", unterstützende Beschreibungen des Kreises („immer noch eine Runde") und die Betonung des Karussells als Symbol des Weltlaufs: Der Karussellbesitzer er-

34 Arker, S. XIX

scheint als Rasputin, Goethe und als Gott, der seine Welt weder anhalten will noch kann. Von ihm geht Hoffnungslosigkeit aus. Oskar kann von Gott in seinen Träumen keine Hilfe erwarten. Der überlebende Jude Fajngold erweist sich als menschlich und in der Lage, das Karussell anzuhalten. – Wenn Oskar sein Anstaltsbett als das „endlich erreichte Ziel", „Trost" und „Glaube" (10) bezeichnet, so ist diese „Stille", die Besinnung und Erinnerung ermöglicht, der Gegensatz zum Karussell. Das Bett ist gesellschaftlich und historisch völlig isoliert, „exterritorial" könnte man es nennen; das Karussell ist Symbol der Gesellschaft, des Lebens und der Menschheit. Es lässt sich an der semantischen Reihe Rundung, Trommel, Kreis, Zirkel und Karussell verfolgen, wie Grass von einfachen und gegenständlichen Bildern zu vielschichtigen Symbolen gelangt, die erst allmählich ihre Bedeutungen enthüllen.

Straßenbahn

Eine Entgegensetzung zum Karussell ist die lineare Straßenbahn. Sie spielt in allen Handlungsorten eine große Rolle, wird in Düsseldorf schließlich sogar fast eine Richtstätte. In Danzig ist das Leben der Matzeraths nicht ohne sie zu denken:

- Oskars Mutter Agnes fährt donnerstags damit zum Treffen mit ihrem Liebhaber Jan;
- Oskar begleitet seine Mutter und besucht den Spielwarenhändler Markus;
- Alfred und Oskar Matzerath fahren mit ihr zur Kristallnacht 1938;
- Jan Bronski und Oskar fahren mit ihr zur Verteidigung der polnischen Post;
- Straßenbahn und Ausflugsziele wie Brösen, die Mole in Neufahrwasser und Oliva;

Geometrie

Ungewöhnlich für einen Roman ist, dass vom Leser auch Kenntnisse in

Geometrie verlangt werden. **Die Drei und das Dreieck spielen eine große Rolle im Roman**: Der Roman gliedert sich in drei Bücher. Oskar Matzerath beschließt, zu seinem dritten Geburtstag mit dem körperlichen Wachsen aufzuhören; er versucht, ein Foto der drei für ihn wichtigsten Menschen – seine Mutter Agnes, sein Vater Alfred und sein wirklicher Vater Jan – mit Hilfe eines Zirkels in einer Dreieckskonstruktion auf einem Viereck zu entschlüsseln (64), er schlägt „drei dreieinige, alleinseligmachende Trommelschläge" und zersingt mit drei Schreien drei Klassenfenster (100), Greff liebt es, mit nackten Knaben „ein schreiend entfesseltes Dreigespann" zu bilden (385) und vieles andere mehr. Grass lässt seinen Roman „um die Zahl 3 für den Himmel, die 4 für die Erde und die 7 als die Zahl der Schöpfung"[35] kreisen. Es sind drei Bücher, von denen das dritte 12 Kapitel hat. Die Zahlen 3 und 30 sind Grass vertraut; eine Gedichtsammlung hieß *Gleisdreieck* (1960). Sein Oskar Matzerath ist dreißig, als er sein Leben niederschreibt. Sein dreißigster Geburtstag ist in jeder Hinsicht ein besonderer und wird von Oskar auch so verstanden, denn „die Drei hat er in sich" (771). Die Drei hat ihren mythischen Hintergrund, der vor allem christlich geprägt ist. Am Ende der *Blechtrommel* wird das nachdrücklich hervorgehoben: Der dreißigjährige Oskar gibt sich als Jesus aus.

Das Dreieck

Oskar kommt mittels „Lineal und Dreieck" (64), der daraus folgenden „Parallelverschiebung", der „gewaltsam herbeigeführten Deckungsgleichheit" usw. zu Erkenntnissen. Das Dreieck ist eine zentrale Figur des Romans und wird immer wieder beschrieben, genannt und beschworen. Es bildet eine Vermittlung zwischen den Figuren, den Zeiten und dem Erzähler. Er-

35 Stolz, S. 130

scheint das Dreieck bei einer Frau, dominierend bei Luzie Rennwand (501), wird es zum Symbol für das weibliche Geschlechtsteil. Es ist ein Erkennungszeichen der Frauen, die Oskar sexuell erregen: Auf der Flucht nach Westen trifft Oskar auf eine ebenso faszinierende wie abstoßende junge Frau, die Luzie ähnlich ist, aber Regina Raeck heißt. Es sind die Frauen „mit Strichaugen aus einem Dreieck heraus" (561). Luzie ist eine Variante von Tulla Pokriefke, der ungeborenen Schwester Oskars (s. S. 55) (*Katz und Maus, Hundejahre*), ebenso sinnlich und sexuell ambitioniert; Oskar hielt sie später (in der *Rättin*) sogar für identisch. – Oskars Mutter stirbt bei der Auflösung ihres Dreiecksverhältnisses (207). Während das Viereck statuarische Wiedergabe einer Situation ist, – Oskar vergleicht Vierecke miteinander, ehe er zum Dreieck findet (64 ff.) –, steht das Dreieck für Spannung und Gegensatz. Es steht aber auch für eine der Seelen Oskars, denn die „Mütter" sitzen nicht nur um einen Dreifuß, sondern stehen auch für ein platonisches Weltbild, in dem alle Orte in ein Dreieck gefügt sind, in dessen Mitte das Feld der Wahrheit ist. Dort liegen die Urbilder aller Dinge, auch ihre verschiedenen Repräsentanten und deren Begründungen für dieses Dreieck. Das Dreieck und die Drei sind zentrale Begriffe des Romans.

Wiederholungen

Ein Mittel, den überquellenden Stoff zu ordnen, sind die Wiederholungen. Einzelne Sätze und **Begriffe kehren wie Formeln immer wieder** und organisieren das Geschehen. Dazu gehört „Weiche Satan", jener Spruch zu Oskars Taufe, dem er sich entzog, um es mit Satan nicht zu verderben (174). Er ist zu finden, wenn Oskar ein anderes Leben erwägt, aber sich dazu nicht entschließen kann. Derartige **Wiederholungen** sind zahlreich: „Herz Hand", ein Skatausdruck, steht für die

Überlegenheit der Frau in der Liebe, ähnliche Funktion haben die zahlreichen lateinischen Wörter, die immer Glaubensfragen signalisieren. Das Wort „Aal" korrespondiert mit Phallus, aber auch Grab, Tod und Untergang, das Wort „Kreuz" weist auf Glaubensverlust hin. Spielkarten haben durchweg symbolische Bedeutungen: Die Herz-Dame steht für Jan Bronskis Liebe, Pik-Sieben für Bedeutungslosigkeit, aber auch Unglück. Manchmal treffen mehrere solcher Signalwörter aufeinander und betonen die außergewöhnliche Bedeutung der Szene: Oskars Taufe wird durch den heidnischen Namen erschwert; dann aber wird ihm „dreimal ins Angesicht" geblasen, „das sollte den Satan in mir vertreiben, dann wurde das Kreuz geschlagen" (174); die Begriffe wiederholen sich. Satan und Kreuz stehen nebeneinander als gegensätzliche moralische Orientierung Oskars so wie Rasputin und Goethe als geistige. Auch Szenen werden wiederholt: Als der wirre Schugger Leo dem SA-Mann und Musiker Meyn beim Tode Herbert Truczinskis das Beileid entzieht, wird dieser Vorgang wie in einer Fuge sechsfach variiert, wiederholt und mit der Märchenformel „Es war einmal" eingeleitet (254 ff.), um in diesen Variationen die Verwandlung des Menschen Meyn in den SA-Mann nachzuvollziehen: Der Musiker wird zum Tierquäler und Katzentotschläger.

Parallelsetzungen

Neben den Wiederholungen sind es die Parallelsetzungen, die den Roman organisieren. Vor allem stellen sie die Beziehung zwischen dem kleinbürgerlich-privaten und dem geschichtlichen Vorgang her. Als die polnische Post erobert wird, fällt Jans Kartenhaus zusammen (316 f.). Als Max Schmeling sich bei der Eroberung Kretas den Fuß verknackst, verstaucht sich auch Maria beim Sturz von der Leiter ihren Fuß. Den Kesselschlachten, „Schlammerfolgen der Heeresgruppe" (Smolensk, 392; Kijew, 396, Vjazma und Brjansk, 399), stellt Oskar seine Erfolge unter den Röcken der Frau Greff, im „schlammigen Gelände" (399) gegenüber. Der Zweite Weltkrieg erscheint als Abfolge familiärer Erkrankungen: Stalingrad und „eine leichte Grippe" bei Maria stehen nebeneinander (416) usw.

2.4 Personenkonstellation und Charakteristiken

Die zahlreichen Figuren sind in diesem Rahmen nicht vorzustellen. Sie lassen sich grob gruppieren:

1. Oskar und seine Familie (z. B. Anna, Joseph, Gregor, Vinzent, Jan, Hedwig, Agnes, Alfred Matzerath, Oskar, Kurt, Maria, Marga, Stephan, Auguste Köster)
2. die Einwohner des Labesweges und seiner Umgebung (z. B. Axel Mischke, Nuchi Eyke, die Katers, die Woiwuths, Heimowskis und ihr Sohn Heinert (eingedeutscht), Leutnant Retzel, Schlagers, Schwerwinskis, Hänschen Kollin, Meyn, Fajngold, der Uhrmacher Laubschad, der alte Heilandt, die Truczinskis, Greffs, Schefflers)
3. Oskars Freunde (z. B. Roswitha, Bebra, Kitty, Felix, Sigismund Markus, Leo Schugger, Vittlar, Klepp, Scholle)
4. Nebengestalten (z. B. Dückerhoff, Viktor Weluhn, Kobyella, Dr. Hollatz, Tante Kauer, die Lehrerin Spollenhauer, Korneff, Professor Kuchen, Professor Maruhn, Raskolnikoff, Herr und Frau Zeidler, Ferdinand Schmuh, Dr. Dösch, Stenzel)
5. Krankenschwestern und Pfleger (z. B. Bruno Münsterberg, Schwester Lotte, Schwester Inge, Schwester Erni oder Berni, Schwester Gertrud, Schwester Beate, Schwester Dorothea)
6. die namenlosen Repräsentanten (z. B. Feldgendarmen, Flißacken, die Stäuber, Nonnen, die Grünhüte)
7. die fantastischen Figuren (z. B. die Schwarze Köchin, Satan, der liebe Gott, Jesus)
8. Oskars Freundinnen außer schon Genannten (z. B. Luzie Rennwand, Regina Raeck, Ulla, Helma und Hannelore)

Nur die Gruppe der Freunde wirkt relativ stabil und ist nicht an Familie oder Wohnort gebunden. Noch auffallender ist eine Ordnung nach dem Verhältnis der Personen zur Zeitgeschichte:

1. eindeutig sind lediglich die Opfer (z. B. Joseph, Jan, Markus, Fajngold, Weluhn), also die Kaschuben und Juden;
2. Täter und Mitläufer sind kaum zu unterscheiden (z. B. Oskar, Matzerath, Lankes, Herzog). Grass bezeichnet Oskar als „Mit-Handelnden": „Die Bestialität, die Infantilität und die Verbrechen, die aus dem Nicht-erwachsen-werden-Wollen entstehen – was eine ganze Periode betrifft –, all dessen ist er Ausdruck."[36]

In dem umfangreichen Figurenensemble spielt Oskar Matzerath eine besondere Rolle, er organisiert das Ensemble. Er ist eine Konstruktion aus Gegensätzen. Ist er einmal in tiefster alltäglicher Kleinbürgerlichkeit befangen und erlebt diese auch noch aus der Perspektive unter dem Tisch, also in profanster Weise, ist er andererseits der aufsteigende Messias, der sich als Jesus zu erkennen gibt, also auf sakraler Höhe. Aber weder im Profanen noch im Sakralen ist er daheim; seine gewünschte und erstrebte Heimat ist das weiß gestrichene, möglichst hoch vergitterte Anstaltsbett.

Oskar Matzerath

Wie er erzählt, treten die Figuren auf. Manche Figuren sind Brechungen seiner Person. Um die Abfolge zu überschauen, folgt eine Chronologie der Familiengeschichte und Begegnungen Oskars:

36 Grass/Zimmermann, S. 47 f.

1896	Jan Bronski geboren, Sohn des Vinzent, Neffe der Anna Bronski, Vater des Stephan und der Marga, wahrscheinlich Vater Oskars.
1899	Oktober: Anna Bronski und Joseph Koljaiczek zeugen auf dem Kartoffelacker Oskars' Mutter Agnes. Joseph heiratet Anna.
1900	Ende Juli: Agnes Bronski-Koljaiczek wird geboren.
1912	21. Oktober: fiktive Geburt Oskars als Oskarnello Raguna in Neapel.
1913	Großvater Joseph verschwindet. Anna Bronski heiratet 1914 Josephs Bruder Gregor, der 1917 an der Grippe stirbt.
1917	Jan zieht zu Anna und Agnes.
1918	Sommer: Agnes lernt Alfred Matzerath kennen
1923	Jan Bronski und Hedwig Lemke, eine Kaschubin, heiraten.
1923	Agnes und Alfred heiraten.
1924	Anfang Juli: Jans und Hedwigs Sohn Stephan wird geboren. Anfang September: Oskar Matzerath wird geboren.
1927	September: Oskar Matzerath bekommt zum 3. Geburtstag eine Blechtrommel geschenkt und beschließt mit dem Wachstum aufzuhören.
1929	Marga Bronski, Schwester Stephans und vermutlich Halbschwester Oskars, wird geboren.
1931	Oskar kommt Ostern in die Schule und bleibt dort einen Tag.
1932	Anlässlich seines 8. Geburtstages wird Oskar als Zarewitsch, aber auch als Goethe gekleidet; er zersingt die Foyerfenster des Stadttheaters.

1934	März: Oskar lernt den 53-jährigen Liliputaner Bebra kennen, Alfred Matzerath tritt in die NSDAP ein.
1937	18. Januar: Oskar verleitet Jan Bronski zum Diebstahl. Karfreitag: Erlebnis des Aalfangs an der Ostsee April: Tod von Oskars Mutter Agnes.
1938	Frühjahr: Oskar lernt Roswitha Raguna, eine Hellseherin, kennen. Herbert Truczinski und Oskar begehen drei Einbrüche. 9./10. November: Kristallnacht – der jüdische Spielzeughändler Markus, der Oskar mit Blechtrommeln versorgte, nimmt sich das Leben.
1939	31. August: Oskar trifft mit Jan Bronski in der polnischen Post ein und nimmt am 1. September an deren Verteidigung teil. Tod Jan Bronskis. 19. September: Anschluss Danzigs an das Großdeutsche Reich. Ende November: Oskar besucht den Todesort Jan Bronskis in Saspe.
1940	Matzerath nimmt Maria Truczinski als Hilfe für Geschäft und Haushalt. September: Mit Brausepulver beginnt die Liebe zwischen Oskar und Maria. Anfang Oktober: Oskar schwängert Maria. Zehn Tage später wird Maria auch die Geliebte Alfred Matzeraths. Mitte Dezember: Alfred Matzerath heiratet Maria.

1941	Februar und Mai: Oskar macht bei Maria Abtreibungsversuche. 12. Juni: Geburt von Oskars Sohn Kurt. Juli: Hedwig Bronski, die Witwe Jans, hat den Baltendeutschen und Ortsbauernführer Ehlers geheiratet, Marga und Stephan heißen nun Ehlers. 5. August: Taufe Kurt Matzeraths.
1942	Oskar geht mit Bebras Fronttheater auf Tournee und ist am 12. 6. 1943 in Metz.
1944	Das Fronttheater spielt am Atlantikwall; Oskar hat ein Liebesverhältnis zu Roswitha Raguna. Er begegnet Nonnen und der Novizin Agneta. 6. Juni: Tod Roswithas bei Beginn der Invasion. 11. Juni: Oskar kehrt nach Danzig-Langfuhr zurück. Ende August: Oskar macht die Stäuber-Bande zu seinen Jüngern. Nacht vom 18./19. Dezember: Einbruch der Stäuber-Bande in die Herz-Jesus-Kirche und Verhaftung.
1945	28. März: Die Rote Armee trifft in Danzig-Langfuhr ein; Matzerath stirbt. Anfang April: Matzerath wird beerdigt, Oskar beschließt zu wachsen. 12. Juni: Oskar verlässt mit Maria und Kurt Danzig/Gdansk in Richtung Westen.
1945/46	August–Mai: Aufenthalt Oskars in den Städtischen Krankenanstalten Düsseldorf. Anschließend Schwarzhandel und Bildungsversuche.
1947	Frühjahr: Oskar gibt seine Bildungsversuche und Theaterbesuche auf.

	Ende Mai: Steinmetzpraktikant bei Korneff.
	Spätsommer: Oskar verabredet sich mit der Krankenschwester Gertrud.
1947/48	Im strengen Winter wird Oskar von der „schweigsamen sesshaften", viel trinkenden Hannelore gewärmt.
1948	21. Juni: Maria schlägt Oskars Heiratsantrag aus.
1949	Anfang Mai: Oskar zieht bei Zeidlers als Untermieter neben Dorothea ein.
	Mitte Juni: Oskar dringt in Dorotheas Zimmer ein; er erlöst Klepp aus seinem faulenden Bett.
	Frühherbst: Oskar begegnet erstmals Dorothea; ein Akt im Flur misslingt.
	November: Oskar, Klepp und Scholle werden von Schmuh als Band engagiert.
1950	Frühling: Oskar trommelt die Besucher des „Zwiebelkellers" in ihre Kindheit zurück zu einem Kindergartenumzug und lässt sie in die Hosen pissen (705).
	August: Oskar und der Maler Lankes reisen an den Atlantikwall.
	November: Oskar schließt einen Vertrag mit der Konzertagentur und trifft Bebra wieder. 1. und 2. Tournee Oskars.
1951	Karneval: 3. Tournee Oskars. Verträge mit der Plattenindustrie.
	Sommer: weitere Tourneen, Tod Bebras.
	7. Juli: Der von Oskar ausgeliehene Hund Lux findet einen weiblichen Ringfinger. Es ist der Dorotheas. Oskar lernt Gottfried von Vittlar kennen.

1952	September: Oskar flieht nach der Anzeige Vittlars nach Paris. Bei der Verhaftung bezeichnet sich Oskar als Jesus. Prozess.
1954	Anfang September: Oskar wird dreißig Jahre. Sein Prozess wird neu aufgerollt, da er unschuldig ist. Die von Oskar nicht erwünschte Entlassung aus der Heil- und Pflegeanstalt stellt ihn vor eine neue Lebensplanung.

Oskar ist „Insasse" in einer Heil- und Pflegeanstalt. Sein Pfleger gibt eine genaue Beschreibung des Dreißigjährigen: 1,21 m lang, ein zu großer Kopf, einen „nahezu verkümmerten Hals" (563). Buckel, die Augen dominieren, leicht gewelltes dunkelbraunes Haar, kräftige Arme, schöne Hände. Günter Grass' Gesprächspartner Harro Zimmermann sah in Oskar die Physiognomie Georg Christoph Lichtenbergs (1742–1799) vor sich[37], den aufklärerischen Schriftsteller, der seit seinem neunten Lebensjahr durch eine rachitische Erkrankung bucklig und klein war. Oskar ist bis 1954 „durch Schallplatten sehr reich geworden" (564) und ein prominenter Künstler. Er ist, nach den Aussagen von Grass, „ein Böser, er ist ein Darsteller des Bösen, er spielt mit dem Bösen und sieht sich auch gern in der Rolle des Bösen"[38]. Oskar sollte in den Vorstellungen seines Schöpfers eine „boshafte"[39] Schwester bekommen, aber Grass stieß „auf Empörung seinerseits",

Heil- und Pflegeanstalt

37 Grass/Zimmermann, S. 50
38 Grass/Zimmermann, S. 58
39 Grass: *Zeuge*, S. 108

nachdem Oskar sein literarisches Leben erlangt hatte. So ging Oskars Schwester in Tulla Pokriefke (*Hundejahre*) ein.[40] Danzig ist in zwei der drei Bücher des Romans dominierender Handlungsort. Andere Orte wie Düsseldorf und Paris ergänzen die „verlorene Provinz"[41]. Es sind Oskar Matzeraths Lebensstationen, aber auch die Günter Grass'. Sie sind von prägender Bedeutung. Heinrich Heines Gedicht *Doktrin* mit den Versen „Schlage die Trommel und fürchte dich nicht, / und küsse die Marketenderin! / Das ist die ganze Wissenschaft, / Das ist der Bücher tiefster Sinn" könnte eine Maxime Oskars sein. Jede vereinseitigende Festlegung Oskars ist jedoch auch falsch, denn er ist eine Kunstfigur, in die viele gegensätzliche Möglichkeiten eingegangen sind. Er ist eine auf niedrigstes kleinbürgerliches Maß gedrückte Mischung aus Gott und Teufel, aus Faust und Mephisto, aus Goethe und Rasputin, aus Beethoven und Hitler[42], aus Hinz und Kunz. Er erscheint als Monstrum, das beim anderen das Gemüt sucht, und als Kretin, der geistig über allen seinen Partnern steht, ist aber immer das dreijährige Kind. Sein Gegner ist die „Schwarze Köchin", die Oskar aber erst ängstigt, als seine Fähigkeiten des Glaszersingens und Trommelschlagens vergangen oder mindestens zurückgegangen sind. Die Schwarze Köchin als Schreckensgestalt – ähnlich wie die Hexe der Märchen – ist das Gegenbild zur Großmutter als Inkarnation der Geborgenheit. Die „Schwarze Köchin" bedeutet auch satanische Verführung, Luzie Rennwand mit dem sexuell erre-

Kunstfigur

---

40 Vgl. Günter Grass, Dieter Stolz, Claus-Ulrich Bielefeld: *Blick in die Werkstatt: Der Autor und sein verdeckter Ermittler.* In: Sprache im technischen Zeitalter. 34 (1996) 136 Berlin: Aufbau-Verlag (26. 2. 1996 im STUDIO DREI-ForumKultur des SFB 3), S. 308

41 Grass: *Zeuge*, S. 102

42 Zu den Ähnlichkeiten, die Oskar mit Hitler hat, vgl. Arker, S. 166: „Schrei", „Augenblau und durchdringender Blick, wie die ganze messianische Überhöhung seiner Bedeutung"

genden Dreiecksgesicht und dem jungfräulichen „unverletzten Dreieck" (506) wird zeitweise mit der „Schwarzen Köchin" identisch (507). Vor den Angriffen der „Schwarzen Köchin" ist das Bett in der Pflegeanstalt jener Schutz, der den Geist bewahren kann. Von den menschlichen Beziehungen bis hin zu den tradierten Werten ist als Ort einer solchen Wirklichkeit nur die Irrenanstalt möglich.

fiktive Biografie

Während seiner Arbeit im Fronttheater bekommt Oskar zu Meldezwecken eine fiktive Biografie und wird Oskarnello Raguna, geboren 1912. Grass hat mit der eigenen Biografie in ähnlicher Weise gespielt: Er stellte sich vor, er wäre statt Jahrgang 1927 bereits 1917 geboren, „bei Kriegsbeginn zweiundzwanzig und nicht zwölf Jahre alt gewesen. Da sogleich wehrpflichtig, hätte ich, wie die meisten dieses Jahrgangs, kaum den Krieg überlebt"[43]. Es ist der Versuch, im eigenen Leben die Ansätze für andere Leben zu finden. So ist Oskar auch eine Konstruktion verschiedener Leben, die wie eine Stationenfolge im Roman erscheinen. Sie reichen vom unberechenbaren Kind von drei Jahren bis zum bedeutenden Künstler.

Großmutter Anna Bronski

Seine Großmutter Anna Bronski ist zu Beginn des Romans eine junge, sinnliche Frau. Dass sie dennoch nicht jung wirkt, hängt nicht nur mit der Einführung als „Meine Goßmutter" (12) zusammen, sondern sie „erscheint als ewige Figur und verkörpert in der von Oskar mythologisch überhöhten Szene die Urmutter Demeter"[44]. Die Mythologisierung ließe sich weiterführen. Sie ist eine von den Müttern (s. S. 70) in Goethes *Faust II*, von den antiken Gottheiten des Plutarch, von den orientalischen Muttergottheiten. Selbst plastische und bildli-

43 Grass: *Zeuge*, S. 127
44 Stolz, S. 129

che Entsprechungen fallen ein, die sitzenden Frauengestalten Ernst Barlachs (Frierende Alte, Drei singende Frauen, Sorgende Frau, Russische Bäuerinnen u. a.) Barlach hatte der dreizehnjährige Grass durch eine Lehrerin kennen gelernt, ebenso Käthe Kollwitz (die Mutter-Kind-Bildnisse, der Turm der Mütter und Selbstporträts).

Maria Truczinski

Am intensivsten gehört Maria Truczinski zu Oskar. Sie ist eines der vier Kinder Mutter Truczinskis, die sich nach Agnes' Tod um Oskar kümmert. Maria ist in Oskars Alter, hat die Volksschule hinter sich und macht eine Haushaltslehre. Ihr Bruder Herbert, Kellner in der Kneipe „Zum Schweden", ist Kommunist und Oskars Freund.

2.5 Sachliche und sprachliche Erläuterungen

Wörter, die zu erklären sind, oder verbreitete geschichtliche Begriffe kann der Leser in der Regel im Duden, in Lexika oder Kommentaren finden. – Die Seitenangaben in den Klammern beziehen sich auf die Ausgabe des Romans im Deutschen Taschenbuch Verlag (dtv 11821) München, die identisch ist mit der Werkausgabe (Göttingen 1997).

Blechtrommel **(Titel)** Trommeln werden allgemein mit Kalbsfell bespannt, zumeist Kindertrommeln verwenden billigeres Blech

Anna Grass **(5)** Anna geb. Schwarz war Grass' erste Ehefrau, die 1955 seinen Eintritt in die Literatur durch die Sendung von Gedichten an den Süddeutschen Rundfunk bewirkte.

vorgelogen **(9)** Erzählen und Lügen sind für Schriftsteller meist identisch; so versteht auch Oskar sein Erzählen. In einem Interview variierte Grass das Wort „Lügen wie gedruckt": „Am liebsten lüge ich gedruckt".[45]

Oskar **(11)** Vor der Taufe gab es Schwierigkeiten wegen des heidnischen Namens, aber die Familie bestand darauf (174). Oskar bedeutet „Götter-Ger" oder „durch die Gottheit, mit dem Speer". Dieser Name ist durch den Verweis auf die germanischen Götter nicht nur weit von christlichen Heiligennamen entfernt, sondern bekommt durch „Speer" in diesem Fall auch eine erotische Variante, macht doch Oskars „Speer" seinem Namen Ehre. – Oskar enthält auch das von ihm so geliebte O, das auch

45 Vgl. „Am liebsten lüge ich gedruckt". Interview mit Günter Grass. In: Der Spiegel 1979, Nr. 14, S. 220

in Polen und „Noch ist Polen nicht verloren" enthalten ist. (Vgl. auch 760)

***Kartoffelacker* (12)** Auf ihm spielt die berühmteste Szene des Romans. Die folgenden Orte werden relativ genau beschrieben, um den Charakter des Platzes zu beschreiben. Der Kartoffelacker gehört heute zum Danziger Flughafen Rebiechowo.

***Kaschubei* (13)** Landschaft in Westpreußen (Nordostpommern und Pomerellen) Heute: Kaszuby, sie umfasste die Kreise Putzig, Neustadt, Danziger Höhe, Karthaus, teilweise Berent, Konitz und Schlochau, in denen es eine eigene Sprache (die kaschubische Sprache = westslawische Sprache), eine hoch entwickelte Volkskunst und eigene Sitten gab. In ihr leben Kaschuben (poln.: Kaszuba = Pelzrock), zur Zeit der Romanhandlung etwa 170 000. Es ist eine Moränenlandschaft mit Wäldern und malerischen Seen; sie erstreckt sich bis zur Ostseeküste. Diese Landschaft spielt in anderen Werken Grass' ebenfalls eine große Rolle.

***Bissau, Ramkau, Viereck, Brentau* (13)** nach Kriegsende (546): Bysewo, Rebiechowo, Firoga, Bretowo, Orte in der Nähe Danzigs, die mit der Herkunft der Großmutter Oskar Matzeraths zu tun haben. Sie stammte aus Bissau, das aus einigen wenigen Häusern und einer Ziegelei bestand (13). Die Großmutter fuhr später mit der Kleinbahn von Viereck nach Danzig-Langfuhr auf den Wochenmarkt. An die Kleinbahn erinnern heute Bahndamm und Teile der Brücke. Bissau ist unter dem Danziger Flugplatz verschwunden. In Brentau ist der Rest eines deutschen Friedhofs zu sehen, auf dem Oskars Mutter, ihr Stiefvater Gregor Koljaiczek und Pfarrer Wiehnke, seit 1906 der Pfarrer Wienke der Herz-Jesu-Kirche, 1944 beerdigt wurden. Er hatte Oskar 1924 getauft, Oskars Mutter beichtete sonnabends bei ihm (173).

Dirschau **(13)** Heute: Tczew, 26 km südöstlich von Danzig, am linken Ufer der Weichsel in fruchtbarer Landschaft gelegen. Zu Handlungsbeginn hat die Kreisstadt ca. 12 000 Einwohner, paritätisch je 5 500 Katholiken und Protestanten, dazu 400 Juden, und ist eine entwickelte Industriestadt (Eisengießerei, Maschinenbau, Zucker u. a.). Es ist der Geburtsort des Weltumseglers Johann Reinhold Forster. Die Stadt hat eine wechselvolle Geschichte und wurde mehrfach vom Deutschen Orden zerstört. 1772 fiel sie durch die erste polnische Teilung an Preußen.

Karthaus **(13)** Heute: Kartusy, 34 km westlich von Danzig, in schöner Lage an zwei Seen, Hauptort der Region. 1380 gründete der Karthäuserorden ein Kloster, in dessen Schutz der Ort entstand. 1920 fiel er wieder an Polen und erhielt 1923 Stadtrecht. Als die Handlung 1899 einsetzt hat das Dorf K. als Hauptort des Kreises K. ca. 2 400 meist katholische Einwohner.

Feldgendarmerie **(18)** Einheit aus Gendarmen und Kavalleristen, die auf Etappenstraßen als Feldpolizei wirken, Plünderungen verhindern und Zivilpersonen überwachen, Telegrafen und Eisenbahnen schützen und Anordnungen Geltung verschaffen sollen. Die F. hatte weit gehende Befugnisse. Die Uniformen der F. waren am Blechkragen mit Adler-Brustschild kenntlich (deshalb später: Kettenhunde).

Ohm Krüger **(23)** Paulus Kruger (1825–1904), genannt Ohm Krüger, Präsident von Transvaal. 1900 versuchte er erfolglos, in Europa für die gegen England kämpfenden Buren Hilfe zu bekommen.

Schlachtflottenbauprogramm **(24)** Am 12. Juni 1900 wurde das 2. Flottengesetz verabschiedet, das die Verdopplung der Kriegsflotte vorsah.

***das erste Haus* u. a. (24)** Planeten und Wandelsterne beschreiben scheinbar eine Bahn innerhalb der Tierkreiszeichen, nach alter astrologischer Lehre haben sie dort auch ihre „Häuser", ein Tag- und ein Nachthaus, und entfalten ihre größte Kraft. Der Erzähler erweist sich als ein Kenner astrologischer Begriffe, Deutungen und Mythen, der auch ironisch mit seinem Wissen umgehen kann. So überträgt Oskar seine Kenntnisse und sein Wissen über die Familiengeschichte rückblickend auf die Sternzeichen und ordnet Saturn höchst irdische Vorlieben, die zu Zwiebeln und Runkelrüben (24), zu. Es wird manches der späteren Handlung bis hin zur berühmt-berüchtigten Aalszene und den Gefühlsausbrüchen im *Zwiebelkeller* angedeutet. Grass hat, wie auch Gedichte zeigen, eine besondere Neigung zu Saturn. Die Textstelle über den Saturn, „einen sauren mürben Planeten", aus *Blechtrommel* erscheint fast wörtlich in frühen Gedichten[46] und in *Aus dem Tagebuch einer Schnecke* im Kapitel „Vom Stillstand und Fortschritt" wieder, wird dort aber auf „Bauernkalender" zurückgeführt. Der Saturn herrschte über Melancholie und Utopie. Horoskope werden mehrfach in den Roman eingebaut.

***Tschenstochau* (25)** Stadt an der Warthe, gilt als religiöses Zentrum Polens wegen des Paulinerklosters auf dem Jasna Góra (Heller Berg). Die so genannte Schwarze Madonna (Matka Boska Czestochowska) im Hauptaltar der Kapelle der Muttergottes ist das Nationalheiligtum und das am meisten verehrte Bild Marias mit dem Jesuskind in Polen.

***Königin Polens* (25)** Nachdem das Kloster Tschenstochau 1655 den Schweden sechs Wochen standhielt und nicht

46 Vgl. dazu: Günter Grass: *Askese und Günter Grass: Schreiben nach Auschwitz*. In: Günter Grass: *Zeuge*, S. 202 f.

erobert werden konnte, wurde die Schwarze Madonna von König Jan Kazimierz zur Regina Poloniae (Königin Polens) erklärt. Das ist eine der Wurzeln für den großen Einfluss des Katholizismus in Polen bis auf den heutigen Tag.

***weißrot* (26)** Variiert in *weißgekälkt* und *rotflammend* spielt auf die Nationalfarben Polens an, die verwendet wurden, obwohl das Gebiet durch die polnischen Teilungen im 18. Jahrhundert zu Preußen kam und dadurch nach 1871 zu Deutschland gehörte. Oskars Blechtrommel ist „weißrot gezackt" (70), eine für Trommeln typische Farbe, aber in diesem Zusammenhang symbolisch als Trommel für deutsch-polnische Beziehungen zu verstehen.

***Lied von der Bogurodzica* (26)** Ältester poetischer Text Polens (13.Jh.), ein berühmtes Ritterlied von der Muttergottes.

***Leibhusaren des Kronprinzen unter Mackensen* (27)** In Danzig-Langfuhr lagen die Kasernen der 1. bis 4. Eskadron des 1. Leibhusarenregiments, der Totenkopfhusaren (wegen des silbernen Totenkopfs auf der schwarzen Pelzmütze). Später kam das 2. Leibhusarenregiment hinzu. Kronprinz Wilhelm (1882–1951) war der Chef des 1., seine Schwester Viktoria-Luise Chefin des 2. Regiments. General der Kavallerie August von Mackensen (1849–1945), 1899 geadelt, 1914 Oberbefehlshaber der Armee in Polen, seit 1915 Generalfeldmarschall und Befehlshaber gegen Serbien, Militärgouverneur von Rumänien, war 1869 Husar in Langfuhr, 1901 Brigade-Kommandeur der Husaren, die er auch als kommandierender General befehligte. Man nannte ihn „Vater der Leibhusaren" und den „letzten Husaren" Deutschlands. Mackensen wurde zum Bewunderer Hitlers und wurde in Propagandaveranstaltungen von den Faschisten für ihre Politik instrumentalisiert.

Kodderpuppen **(28)** Schlechte, aber auch: freche Puppen (vgl. Kodderschnauze = freches Mundwerk).

„Columbus" bei Schichau **(28)** Die Schichau-Werft und Maschinenbauanstalt hatte Standorte in Elbing (Ostpreußens zweitgrößte Stadt), Danzig und Königsberg. Auf der Schichau-Werft in Elbing lief der 32 000 BRT große Schnelldampfer des Norddeutschen Lloyds „Columbus", ein Ozeanriese, 1913 vom Stapel.

Flißacken **(29)** Nach „flisak" (polnisch) für Flößer.

Küraß **(30)** von franz. cuir – Leder, Brustpanzer, zuerst aus Leder.

Poggenkniefe **(31)** Nach „poke" und „knife" (englisch) für stoßen und Messer.

Danzig **(33)** Die Stadt steht am Ende einer Reise, die von Warschau über Modlin usw. reicht; sie wird nun erstmals genannt, nachdem sie mehrfach umschrieben wurde und der Erzähler mit ihrem Namen gespielt hat (*Provinzhauptstadt an der Mottlau*, 23 u. a.).

Heil dir im Siegerkranz **(36)** Der Verfasser des Liedes war Heinrich Harries (1762–1802). In seiner ursprünglichen Gestalt erschien das Lied 1790, gedacht für dänische Untertanen und zu singen nach der englischen Hymne „God save the king". B. G. Schumacher arbeitete es zum „Berliner Volksgesang" um; so wurde es zur preußischen Hymne und erstmals gesungen bei der Rückkehr Friedrich Wilhelms II. aus dem ersten Koalitionskrieg gegen Frankreich.

Gösch **(36)** Kleine rechteckige Nationalflagge.

Weyer **(40)** Bruno Weyer war 1900 bis 1944 Herausgeber des „Taschenbuchs der deutschen Kriegsflotte", eines Flottenkalenders.

sprunghaften Rhythmus … vom August des Jahres vierzehn **(43)** Am 1. August 1914 erklärte Deutschland Russland und am 3. August Frankreich den Krieg, am 4. August erklärte Großbritannien an Deutschland den Krieg. Zahlreiche weitere Staaten traten anschließend in den Krieg ein.

***Machandel* (44)** Norddt. für Wacholder.

***Freier Staat Danzig* (47)** Die Freie Stadt Danzig war nach dem Ersten Weltkrieg ein selbstständiges politisches Gebilde mit eigener Staatsangehörigkeit – Polen übernahm lediglich die außenpolitische Vertretung – und eigener Währung (Danziger Gulden). Die einzigartige völkerrechtliche Konstruktion unter dem Protektorat des Völkerbunds führte wie kein anderer Ort die Möglichkeiten und Grenzen deutsch-polnischen Zusammenlebens vor. Die Gründung war ein Kompromiss zwischen der wiedergegründeten Republik Polen und deren Anspruch auf einen Seehafen und der überwiegend deutschen Bevölkerung.

***Briefmarken des Freistaates* (48)** Während 1920 zuerst deutsche Briefmarken mit dem Bild der Germania mit „Danzig" überdruckt wurden, kamen nach dem 15. 11. 1920 erste Marken mit „Freie Stadt Danzig" zum Verkauf; sie zeigten eine Kogge mit geschwellten Segeln, 1921 erschien eine Serie mit Doppelkreuz und Krone, von denen der 1-Mark-Wert einen goldnen Rand und ein rotes Innenfeld hatte. Das doppelte Kreuz geht auf das Deutschordenskreuz zurück, die Krone wurde 1457 von König Kasimir mit anderen Privilegien verliehen. Die von Oskar beschriebenen polnischen Briefmarken zeigten Szenen der polnischen Geschichte und wirkten, besonders die Werte 10-Groschen (grün) und 15-Groschen (violett), sehr heroisch.

***Option für Polen* (48)** 1918 wird wieder ein unabhängiges Polen gegründet; die Bewohner der ehemaligen deutschen Gebiete können sich für die deutsche oder die polnische Staatsbürgerschaft entscheiden.

Marszalek Pilsudski **(48)** Der polnische Staatschef schlägt im polnisch-sowjetischen Krieg 1920 die Rote Armee an der Weichsel; der Sieg wird als „Wunder an der Weichsel" bezeichnet. – **Józef Klemens Pilsudski** (1867–1935) ist eine zentrale Figur bei der Wiedererrichtung des polnischen Staates. Er gehörte zu den Begründern der Polnischen Sozialistischen Partei. Mit der „Polnischen Legion", deren Ziel die Unabhängigkeit Polens war, kämpfte er im Ersten Weltkrieg auf der Seite der Mittelmächte (Österreichs), geriet allerdings mit diesen in Konflikt und wurde inhaftiert. Nach dem Krieg gegen die noch nicht konsolidierte Sowjetunion verlegte er im Frieden von Riga 1921 die Grenzen Polens weit nach dem Osten. 1926 ersetzte er das demokratische Regierungssystem durch eine autoritäre Militärdiktatur. Trotz dieses Putsches war Polen in der Zwischenkriegszeit von 1918 bis 1939 nach 123 Jahren Fremdherrschaft souverän und unabhängig; das gab Pilsudski bei vielen Polen unermessliches Prestige.

General Sikorski **(48)** Wladyslaw Sikorski (1881–1943), polnischer Politiker und General, 1923 Ministerpräsident, auch 1939–43 in der polnischen Exilregierung in London, abgestürzt über Gibraltar (Rolf Hochhuths Tragödie *Soldaten* (1967) geht von der Verantwortung Churchills am Tod Sikorskis aus).

Rentenmark **(49)** Im Oktober 1923 wurde die Inflation mit der Einführung der Rentenmark beendet; ihr folgte im August 1924 die Reichsmark. In Danzig war seit dem 18. 12. 1923 der Danziger Gulden die Währung.

Labesweg **(50)** Die Angabe ist wie alle anderen Orts- und Straßennamen (*Hertastraße* (51), *Magdeburger Straße, Heeresanger* (64), *Max-Halbe-Platz, Neuschottland, Anton-Möller-*

Weg, Marienstraße, Kleinhammerpark (75)) authentisch; er befand sich in Danzig-Langfuhr. Im Labesweg (heute: Ulica Lelewela 13) wohnte Günter Grass. Eine Übersicht über die Einwohner des Hauses gibt Oskar, als er sich für das Fronttheater verabschiedet: ein Mietshaus mit „neunzehn Mietsparteien" (424).

***im Fruchtwasser spiegelnd* (52)** Oskar sieht sich als eine von Geburt an narzisstische Persönlichkeit, die sich an ihrer Schönheit freut und niemanden liebt.

***zweites Kaiserreich* (61)** Als das erste Kaiserreich galt das Heilige Römische Reich deutscher Nation von 962 bis 1806, das zweite Kaiserreich war das der Hohenzollern von 1871 bis 1918.

***Vertrag zu Rapallo* (63)** 1922 wurde das deutsch-sowjetische Abkommen über diplomatische und wirtschaftliche Beziehungen abgeschlossen. Beide Mächte verzichteten auf Erstattung der Kriegskosten.

***KdF-Schiff „Wilhelm Gustloff"* (67)** „Kraft durch Freude" (1933) war eine Organisation für Freizeitbeschäftigungen der *Deutschen Arbeitsfront*. Etwa 500 000 Deutsche fuhren auf den KdF-Schiffen ins Ausland. Die KdF-Schiffe wurden während des Krieges als Truppen- und Lazarettschiffe verwendet. Im Januar 1945 wurde das KdF-Schiff „Wilhelm Gustloff" mit angeblich 10 000 Flüchtlingen, das 1937 vom Stapel gelaufen, aber bereits 1939 zum Lazarettschiff umgebaut und schließlich zur „Schwimmenden Schule" für U-Boot-Besatzungen geworden war, torpediert und versenkt, es ertranken mehr als 5 000 Menschen. Die große Glocke des Schiffs wurde geborgen und befindet sich im Fischerhafen „Dalmor" in Gdynia. Schefflers gehen im Januar 1945 mit einem KdF-Schiff, vermutlich der „Wilhelm Gustloff", unter (508).

„Tannenberg" **(67)** Die moderne weiße Flotte des „Seedienst Ostpreußen" galt als die schwimmende Brücke zum Reich. Über sie wurden auch Kohle, Baustoffe, Düngemittel usw. transportiert. Der Seedienst verfügte über die Schiffe „Preußen", „Hansestadt Danzig", „Kaiser" und „Tannenberg".

Rasputin **(70)** Grigorij Jefimowitsch Rasputin (1869–1916 – das Geburtsjahr schwankt zwischen 1864 und 1871 –), russischer Wundermönch und Frauenheld, der seit 1905 großen Einfluss am russischen Zarenhof erhielt, 1907 mit suggestiven Mitteln die Wunden des Zarewitschs Alexej, der Bluter war, schloss, deshalb als Wundertäter galt, von anderen für den leibhaftigen Satan gehalten wurde. Seine Hauptthese war, dass man durch möglichst große Sünden die göttliche Erlösung erreicht. Er wurde von russischen Adligen ermordet. Acht Wochen nach seinem Tod brach die Revolution los. – In Grass' hat er Bedeutung als Bildungserlebnis Oskars (S. 101 ff.). Eine schwere Erkrankung als Kind führte zu scheinbar übernatürlichen Fähigkeiten, die René Fülöp-Miller in seinem Buch *Der heilige Teufel. Rasputin und die Frauen* (1927), das ist Oskars Lesebuch, beschreibt.

Wille zu einer Macht **(70)** Anspielung auf den umstrittenen Titel eines Werkes Friedrich Nietzsches. Seine Schwester stellte es aus vorhandenen Aphorismen zusammen. Trotz der fehlenden Konzeption ist dieses Werk eines der folgenreichsten geworden; es hatte besonders auf die deutschen Faschisten eine magische Anziehungskraft. Wie weit Oskar sich mit Nietzsches Ideen einlässt, wird in der Gegenüberstellung „seiner Götter" *Dionysos und Apollo* (423) als Entsprechung zu Rasputin und Goethe deutlich. Oskar erscheint als Synthese von Dionysos und Apollo:

„ein kleiner, das Chaos harmonisierender, die Vernunft in Rauschzustände versetzender Halbgott" (423).

da beschloss ich, auf keinen Fall Politiker **(71)** Variation des oft zitierten Satzes aus Hitlers *Mein Kampf* am Schluss des 7. Kapitels, in dem er seine Gegner als „Lügner und Verbrecher" beschimpft und offenherzig schließt: „Mit dem Juden gibt es kein Paktieren, sondern nur das harte Entweder-Oder. Ich aber beschloss, Politiker zu werden."

Däumling **(71)** Vom D. fühlt sich Oskar wegen der Ähnlichkeit berührt und versteht ihn und sich als Gegensatz zur Welt der Erwachsenen. Ist deren Wirklichkeit der Kolonialwarenladen, so ist die seine die Märchenwelt. Zum Däumling der Gebrüder Grimm, über den Oskar mehrfach nachdenkt (136), kommen wenig später *Frau Holle* (76), aber auch andere wie die „Schwarze Köchin" und der *Rattenfänger* (76): 1284 befreite ein Rattenfänger die Stadt Hameln von Ratten und Mäusen, indem er auf einer Flöte blies, die Tiere dadurch hervorrief und sie ins Wasser führte, wo sie ertranken. Als die Stadt ihm den Lohn verweigerte, kam er als Jäger verkleidet zurück, rief mit seiner Flöte alle Kinder von vier Jahren an zu sich, während die Eltern in der Kirche saßen, und verschwand mit ihnen in einem Berg. Der Rattenfänger (in *Deutsche Sagen* der Brüder Grimm) gilt als bekannteste deutsche Sage in der Welt. Möglicherweise erklärt sich ihre Herkunft aus der Ostland-Besiedlung, bei der Hamelner Bürger („Kinder der Stadt") von Adligen zur Besiedlung in Schlesien, Pommern und Preußen angeworben wurden. Grass hat die Sage ausführlich im Roman *Die Rättin* (1986) verwendet.

Pfadfinderlied, Rübezahl **(82)** Von 1923 stammt das Pfadfinderlied *Hohe Tannen weisen die Sterne an der Iser wildspringender Flut*, in dem Rübezahl, der Berggeist des Riesengebirges, um Hilfe für die Sudetendeutschen gebeten wird. Die Verbindung Rübezahls mit Freiheitsvorstellungen geht auf Ferdinand Freiligrath zurück. Nach dem Zweiten Weltkrieg wurde Rübezahl für vertriebene Schlesier zum Symbol ihrer Heimat und Namensgeber für zahlreiche Gruppen.

Rorschachversuche **(86)** Der Schweizer Psychiater Hermann Rorschach (1884–1922) führte 1921 mit Patienten Tests durch, bei denen sie teils schwarz-weiße, teils farbige Klecksbilder „erklären" sollten. Die Assoziationen dienten als Zugang zum Unterbewusstsein und sollten zwanghaftes Denken von normalem Denken differenzieren.

archaische Frühzeit (86), Blüte- und Verfallszeit der Kunst **(87)** Diese Abfolge von Kunstperioden geht auf Johann Joachim Winckelmann (1717–1768), den Begründer der Kunstgeschichte der Antike, und die klassische Literatur in Deutschland zurück. Sie beschrieben die antike Kunst als Beispiel für Entwicklung und Niedergang einer großen Menschheitsperiode. Winckelmann sah jede nationale Kunst nach Frühzeit und Wachstum eine Phase der Blüte (Reife) und des Verfalls (Nachahmer, Manierismus) durchlaufen. Die drei Bücher des Romans sind eine satirische Brechung dieser Abfolge.

L'art pour l'art **(87)** franz.: Kunst um der Kunst willen. Die im 19. Jahrhundert geprägte Formel steht im Widerspruch zu den zuvor (86, 87) verwendeten kunstgeschichtlichen Begriffen. Gingen diese von der Beziehung zwischen Kunst und Gesellschaft aus, so erkennt die Formel nur den Sinn der Kunst selbst an, lehnt also eine Bedeutung oder gar Nutzen für die Gesellschaft ab.

***Boy-Scout-Erfinder Baden-Powell* (95)** 1907 gründete Lord Baden-Powell die Boy Scouts (Pfadfinder) in England als internationale partei-unabhängige Jugendbewegung. 1909 wurde die deutsche Pfadfinderbewegung gegründet und 1936 in die HJ übernommen (381).

***Sütterlinschrift* (103)** Die nach Ludwig Sütterlin (1865–1917) genannte und von ihm reformierte Schreibschrift wurde 1915 an preußischen Schulen eingeführt und war von 1935 bis 1941 einheitlich gelehrte Schrift. In der Kristallnacht wurde „in Sütterlinschrift das Wort Judensau geschrieben" (260), Sütterlinschrift steht bei Grass für Unmenschlichkeit: Oskar verwendet sie in dem Einakter bei der Besichtigung des Atlantikwalls 1944. Sie wurde allerdings schon 1941 abgeschafft, da die so genannte gotische Schrift keine deutsche gewesen sei. Sie wurde durch Antiqua, die „lateinische" Schrift, ersetzt.

***Käthe-Kruse-Puppen* (109)** Von der Puppenkünstlerin Käthe Kruse (1883–1968) hergestellte natürlich wirkende Puppen mit echtem Haar, die sehr beliebt waren, hergestellt in ihrer eigenen Puppenfabrik in Bad Kösen.

***Paul Beneke* (111)** Danziger Seeräuber, Stadtkapitän und Freibeuter um 1470, ähnlich Störtebecker; seine Geschichte wird später im Zusammenhang mit dem Schifffahrtsmuseum erzählt (239 ff.). Er wurde im gleichen Stockturm ersäuft, von dem aus Oskar die Fenster des Stadttheaters zersang.

***zu den Müttern* (118)** Oskar zitiert Goethe, zuerst die „zwei Seelen", Vers 1112 aus *Faust I*, mit denen Faust seinem Famulus Wagner die eigene Spannung zwischen Wirklichkeit und Ideal erklärt, dann die „Mütter" (Verse 6217 ff. aus *Faust II*). Die Mütter sind unbekannte und unnennbare Göttinnen, die um die letzten Geheimnisse wissen und zu denen sich Faust wagt, um zu Helena zu gelangen, dabei aber von den Geistern abgewiesen und in Ohnmacht versetzt wird (Vers 6558 ff.). Die Mütter repräsentieren gleichzeitig die Macht des Dreiecks, das die Welt organisiert. Bei seiner Verhaftung am Ende des Berichts entwirft Oskar eine Goethe-Lösung und sieht sich von den Müttern kommend (771). Der Drang Oskars unter die Röcke der Großmutter ist eine satirische Brechung des Weges zu den Müttern.

***Gretchen* (119)** Vordergründig hat dieses Gretchen nichts mit Goethes *Faust* zu tun, aber genauer betrachtet wird sie für **Oskar, einen verzwergten Faust**, zum reduzierten Gretchen aus Goethes *Faust*. So erklären sich zahlreiche Anspielungen wie die, dass Oskar „gleich einem Gelehrten die Bücher mied" (damit beginnt Fausts Ausbruch bei Goethe), und Bücher als „Buchstabengräber verfluchte" (Inhalt von Fausts Eröffnungsmonolog) und „auf Kontakt mit dem einfachen Volk aus war" (Fausts Osterspaziergang). Auch als Oskar später in Dorotheas Abwesenheit in deren Zimmer eindringt (643 ff.) und „die innere Ordnung der Möbel" (647) bewundert, erinnert das an Fausts Besichtigung von Margaretes Zimmer („Wie atmet rings Gefühl der Stille,/Der Ordnung, der Zufriedenheit!"). Für die These, dass **Oskar Matzerath ein reduzierter, verzwergter Faust** ist, der mit Mephisto (Satan) eine Personalunion eingegangen ist und ihn in seinem Rasputin-Teil bewahrt, finden sich genügend Belege im Text. Damit wäre Grass' Roman *Die Blechtrommel* in ähnlicher Weise der Versuch einer Zurücknahme wie Thomas Manns *Doktor Faustus*: der Versuch der Zurücknahme von Goethes *Faust*. Auch kann Grass' Roman *Die Blechtrommel* als Gegenentwurf zu Thomas Manns *Buddenbrooks* gelesen werden. Was dort großbürgerlich erschien, wird hier im Kleinbürgerlichen verhandelt.[47]

Mampe, Halb und Halb **(125)** Kräuterliköre, die im Gegensatz zu den französischen Likören wegen ihres kräftigen Geschmacks früher weniger als Tafelgetränke sondern als Heilmittel verwendet wurden. Dazu gehörten auch Boonekamp und Aromatique.

Zeughaus, Stadttheater, Stockturm **(127)** Sehenswürdigkeiten der Danziger Rechtstadt (Glówne Miasto). Der Stockturm gehörte zur mittelalterlichen Stadtbefestigung, in seinem Hof wurde der Seeräuber Paul Beneke ersäuft.

Land der Polen suchen ... mit seiner Seele **(135)** Anspielung auf Iphigenies berühmten Satz „das Land der Griechen mit der Seele suchend" (Vers 12) in Goethes *Iphigenie auf Tauris*; Hinweis auf Oskars Goethe-Nähe.

erste bis zur vierten Teilung **(135)** 1772 verlor Polen 30 % seines Territoriums an Preußen, Österreich und Russland, 1793 verlor Polen nochmals große Gebiete an Preußen und Russland, 1795 wurde es als Staat bis 1918 ausgelöscht. Unter der vierten Teilung wird das geheime Zusatz-Abkommen zum Hitler-Stalin-Pakt von 1939 verstanden. Die geplante fünfte Teilung ist in Oskars Augen die von den Vertriebenen erhobene Forderung nach Rückgabe der Ostgebiete in den Grenzen von 1937.

Wagner **(138)** Richard Wagner (1813–1883), einer der bedeutendsten deutschen Komponisten, schrieb u. a. die Oper *Der fliegende Holländer* (1843), die Oskar mit seiner Familie in der Waldoper Zoppot (Sopot) – Polens elegantestem und traditionsreichstem Seebad – hört (141). In den Zwan-

47 Vgl. dazu: Werner Frizen: *Anna Bronskis Röcke – Die Blechtrommel in ursprünglicher Gestalt.* In: Neuhaus/Hermes 1991, S. 144–150: Danach gab es eine frühere Fassung des Grass-Romans in der Form der *Buddenbrooks*.

zigerjahren war es der Treffpunkt der vornehmen Gesellschaft.

Prinz Eugen **(143)** Prinz von Savoyen (1663–1736), österreichischer Feldherr und Staatsmann. Ludwig XIV. von Frankreich verwehrte dem missgebildeten und hässlichen Prinzen eine militärische Laufbahn, die dieser daraufhin in österreichischen Diensten bis zum höchsten Ruhm durchlief. Unter den zahlreichen Sagen und Legenden , die die Gestalt umranken, finden sich auch solche, die Eugen als illegitimen Sohn des Königs sehen. 1707 machte Peter der Große von Russland Eugen das Angebot, König von Polen zu werden, was Prinz Eugen ausschlug.

Zellenleiter **(145)** die Zelle war die zweitniedrigste Organisationsform der „Partei", wie die NSDAP kurz hieß. Sie umfasste vier bis acht Blocks, ein Block hatte 40 bis 60 Haushalte mit 160 bis 240 Personen. Über dem Zellenleiter stand der Ortsgruppenleiter.

Forster **(147)** Oskar nennt hier die nationalsozialistische Führungsspitze von Danzig. Arthur Greiser (1897–1946 (hingerichtet)) war 1930 kurzzeitig Gauleiter, nach 1939 Gauleiter im Gau Wartheland. Wilhelm Löbsack war Gauschulungsleiter und Biograf des Nachfolgers von Greiser Albert Forster (1902–52 (in Warschau hingerichtet)): Preußischer Staatsrat und seit 1930 Gauleiter von Danzig. Er ließ sich verfassungswidrig 1939 zum Staatsoberhaupt der Freien Stadt Danzig wählen, um das Deutsche Reich um Hilfe bitten zu können. 1946 wurde er von der britischen Besatzungsmacht an Polen ausgeliefert.

Röhmputsch **(149)** Als der Stabschef der SA Ernst Röhm nach der Machtergreifung Hitlers der Reichswehr ihre Funktion als Armee streitig machte und die SA an ihrer Stelle ausbauen wollte, stellte sich Hitler getreu seinem

Programm in *Mein Kampf* auf die Seite der Reichswehr und ließ Röhm sowie hohe Führer der SA am 30. Juni 1934 ermorden (so genannter Röhm-Putsch). Danach spielte die SA keine politische Rolle mehr, sondern beschränkte sich auf die vor- und nachmilitärische Ausbildung ihrer freiwilligen Mitglieder. Sie wurde in den Nürnberger Prozessen nicht zur verbrecherischen Organisation erklärt.

***Rauschning* (153)** Hermann Rauschning (1887–1982) war vom Juni 1933 bis zum 23. November 1934 Senatspräsident von Danzig. Am 28. 5. 1933 hatte die NSDAP mit 50,03 % die absolute Mehrheit im Senat erhalten und bestimmte mit R. einen relativ gemäßigten Nazi, der später ein Gegner der Faschisten wurde und ins Exil ging, zum Senatspräsidenten. R. bemühte sich um ein vernünftiges Verhältnis zu den Polen und schloss auch ein Abkommen über die gleichberechtigte Behandlung ab. 1934 wurde R. abgelöst und durch Greiser ersetzt; 1935 erhielt die NSDAP trotz größter Manipulation nur 57,3 % und damit nicht die Zweidrittelmehrheit. Im August 1935 trommelt Oskar gegen die nationalsozialistischen Fanfarenzüge.

***Jonas* (155)** Jonas bekam vom alttestamentarischen Gott Jahwe den Auftrag, Ninive zur Buße zu bewegen, weil die Stadt sonst ihrer Strafe für ihre Sünden nicht entgehen würde. Jonas wollte sich diesem Auftrag entziehen, wird aber dabei von einem Wal verschluckt und nach drei Tagen wieder ans Land gespuckt. Eine zweite Aufforderung Jahwes befolgte Jonas; Ninive tat Buße.

***Eintopfsonntag* (158)** Er gehörte zu den Sammelaktionen des Winterhilfswerkes und brachte 1935/36 31 Millionen Reichsmark. Die Bevölkerung wurde aufgerufen, an bestimmten Sonntagen nur einfache Eintopfgerichte zu essen und das gesparte Geld zu spenden.

Mandel **(159)** altes Zählmaß – 15 (kleine Mandel), 16 (große Mandel)

Pomuchel **(159)** nordostdt.: Dorsch, übertragen: ein dümmlicher Mensch

Parzival **(168)** Drei Tropfen im Schnee, gefallen in einem Dreieck, erinnerten Parzival an seine Frau Condwiramurs (Wolfram von Eschenbach *Parzival*, um 1200–10), die Geschichte wird nochmals berichtet (623); Hubertus, der Jagd huldigend, wurde bußfertig, als ihm am Feiertag ein Hirsch mit einem goldenen Kreuz erschien; aus Saulus, der die Christen hasste, wurde durch Christi Erscheinen auf dem Wege nach Damaskus Paulus; Attila wurde durch Papst Leo I. abgehalten, weiter in Italien vorzudringen, und zum Frieden veranlasst. Es sind Bekehrungsvorgänge und Verzichte auf Schuld, an die Oskar erinnert. Er lässt in einer der typischen Satzreihen keine Bekehrung zu und Jan Bronski schuldig werden.

Jesse Owens, Rudolf Harbig, Olympiade **(178)** Bei der Olympiade 1936 in Berlin hatte Jesse Owens (1915–80) zum Entsetzen der Nazis vier Goldmedaillen gewonnen, Harbig (1913–44), nach dem noch heute ein Stadion in Dresden benannt ist, die Goldmedaille über 800 m.

Andreaskreuz **(178)** gekreuzte gleichlange Balken (X). Oskar treibt ein Wortspiel und entwickelt ein Wortfeld mit „Kreuz", in dem Gegensätze aufgelistet werden wie „Rotes Kreuz" (Hilfsorganisation), Gelbkreuz (Giftgas im Ersten Weltkrieg) usw.

Seeschlacht am Skagerrak **(194)** größte und verlustreichste Seeschlacht zwischen der deutschen und der britischen Flotte 1916, insgesamt 58 Großkampfschiffen; Oskars Mützenband SMS „Seydlitz" (190), das er auch im Fronttheater trägt (451), stammt von einem solchen Schiff. Die

Geschichte der Schlacht beherrscht Oskar detailliert, das gehört zu seinem „weltumfassenden Halbwissen" (217)

***die Köchin kommt, schwarz* (200)** Dem Weiß der Schwesterntracht wird von Oskar die „schwarze Köchin" gegenübergestellt, die von nun an für Oskar zu personifiziertem Schrecken und Verkörperung von Angst wird. Sie stammt aus dem Kinder- und Spiellied „Ist die schwarze Köchin da?", bei dem die Köchin um einen Kreis mit Kindern geht und beim fünften Mal ein Kind mitnimmt. Das geschieht so lange, bis nur noch ein Kind im Kreis bleibt, das die nächste „Köchin aus Amerika" ist.

***Jägerchor* (202)** Chor aus der Oper *Der Freischütz* (1821) von Carl Maria von Weber, Libretto vom Dresdner Hofrat Johann Friedrich Kind (1768–1843). Die Oper gilt als Höhepunkt der deutschen romantischen Oper.

***Farbdruckmagdalena* (202)** Maria Magdalena (Magdalena nach der Stadt Magdala) ist eine Heilige, die aus verschiedenen Legenden entwickelt wurde. Dazu gehörte auch die Sünderin, die mit ihren Haaren die Füße Christi trocknete. Sie wird oft bildlich als Büßerin in der Wüste dargestellt. Ein Farbdruck der langhaarig-blonden Maria Magdalena im blauen Umhang, liegend in der Wüste mit einem aufgeschlagenen Buch und Salbkrug, wurde zum Inbegriff kleinbürgerlichen Kunstbedürfnisses und charakterisiert Oskars Familie. Gleichzeitig bricht es ironisch das christliche Ereignis zwischen Jesus und Maria im Blick auf die Beziehung zwischen Oskar (Christi Wiederkehr) und Maria, seiner Geliebten und Stiefmutter. Der Farbdruck ging zurück auf ein Bild Pompeo Batonis (1708–1787), das in der Gemäldegalerie Dresden hing.

***Winterhilfswerk* (222)** Von den Nationalsozialisten alljährlich, erstmals 1933/34 angeordnete Sammel- und Spendenaktion, um ausgewählte Hilfsbedürftige zu unterstützen. Der Winter 1938/39 erbrachte 566 Millionen Reichsmark.

***Schlageter* (227)** Leo Schlageter (1894–1923) war seit 1922 Mitglied der NSDAP. Während der Ruhrkämpfe 1922 sprengte er Schienenstränge in die Luft, wurde von einem französischen Kriegsgericht zum Tode verurteilt und standrechtlich erschossen (Golzheimer Heide bei Düsseldorf). Er wurde für die Nationalsozialisten eine Märtyrergestalt.

***im spanischen Birjerkriech* (227)** Mutter Truczinski meint den Spanischen Bürgerkrieg (1936–39). Der von Franco ausgelöste Putsch, der sich auf die faschistische Falange, Monarchisten und den konservativen Klerus stützte, führte zu einem Krieg gegen die demokratisch gewählte republikanische Regierung der Volksfront. Francos Truppen wurden militärisch und mit Waffen von Deutschland, Italien und Portugal unterstützt, die Volksfront von internationalen Freiwilligenbrigaden.

***Chamberlain, Regenschirm* (231)** Arthur Neville Chamberlain (1869–1940) war von 1937 bis 1940 Premierminister Großbritanniens; Karikaturen zeichneten ihn mit dem Regenschirm, den er nach englischer Sitte stets bei sich trug.

***Galionsfigur* (239)** Die Geschichte der florentinischen Galionsfigur ähnelt Gerhart Hauptmanns „unwahrscheinlicher Geschichte" *Das Meerwunder* (1934); in beiden Geschichten wirken Galionsfiguren wie lebendige Gestalten und vernichten vor allem Menschen in ihrer Umgebung. Auch der berühmte Barockdichter Martin Opitz von Boberfeld (1597–1639) soll nach Grass an der Galionsfigur gestorben sein (241). Opitz gehört zu den von Grass öfters zitierten Dichtern; er nahm ihn in das Figurenensemble des Romans *Der Butt* (1977) und in die Erzählung *Das Treffen in Telgte* (1979) auf.

englischer Admiral **(247)** Lord Horatio Nelson (1758–1805) und seine Schlachten bei Abukir (1798 schlug er die französische Flotte), Kopenhagen (1801 zerstörte er die dänische Flotte) und Trafalgar (Sieg über die spanisch-französische Flotte 1805, fand dabei den Tod).

NS-Volkswohlfahrt **(256)** 1933 gegründete Organisation der NSDAP, die nicht der Fürsorge einzelner Menschen diente, sondern eine „rassisch wertvolle und erbgesunde" Gemeinschaft anstrebte, mit der man sich in der Welt durchsetzen wollte. Auch betrieb man „rassehygienische und erbbiologische Aufklärung". Die NSV war wie die Partei gegliedert.

Kristallnacht **(258)** Name für den in der Nacht vom 9. zum 10. November 1938 von der SA und der NSDAP verübten Judenpogrom. Mehr als 20 000 Juden wurden verhaftet und in Konzentrationslager (KZ) verschleppt, fast alle jüdischen Synagogen wurden angezündet, jüdische Geschäfte, Wohnungen und Häuser zerstört. Die Polizei durfte auf Befehl Hitlers nicht eingreifen. Damit begann die Massenvernichtung der Juden.

Heimwehr, Waffen-SS **(259)** Im Sommer 1939 gegründete paramilitärische Organisation in Danzig, die bei den erwarteten Kämpfen zur Verfügung stehen sollte. Die Waffen-SS war seit 1940 der Teil der SS, der vom Staat und nicht von der Partei bezahlt wurde. Zu ihr gehörten militärische Verbände, die im Rahmen des Heeres eingesetzt wurden, SS-Junkerschulen, Totenkopfstandarten und Verwaltung und Bewachung der KZs.

1. September 1939 **(280)** Mit dem Beschuss der Westernplatte in Danzig (auf der sich ein polnisches Munitionslager befand) durch das deutsche Linienschiff „Schleswig-Holstein" begann am 1. 9. 1939, 4.45 Uhr, der Zweite Weltkrieg.

Pique Sieben **(303)** Pik ist eine der vier Farben im französischen Kartenspiel. Sie bedeutet Verbitterung, auch Tod. Bezeichnet wird sie durch einen schwarzen Spaten (Deutsch auch „Schüppe" genannt). Sie entspricht Grün im deutschen Spiel. Es ist eine beim Wahrsagen unerwünschte Karte, da sie Dummheit und Nutzlosigkeit bedeuten soll („Er guckt wie Pik Sieben."). Jan baut während der Verteidigung der polnischen Post (314) ein Kartenhaus, dessen Basis aus Pik Sieben und Kreuz Dame gebildet wird. Leo Schugger steckt die Pik Sieben an Jans Todesort (332). Sie steht für ein gescheitertes Leben und ist ein Leitmotiv des Romans.

Rydz-Ŝmigly **(304)** Edward Rydz-Ŝmigly (1886–1941), polnischer Marschall, zuerst Mitarbeiter, nach 1936 Nachfolger Pilsudskis und Oberbefehlshaber der polnischen Armee, ging nach der Niederlage zeitweise nach Rumänien.

Maginotlinie **(306)** Die als uneinnehmbar geltende französische Verteidigungslinie, die nach dem Ersten Weltkrieg an Frankreichs Ostgrenze errichtet wurde.

berühmten achtzehn Tagen **(324)** der polnische Oberkommandierende Rydz-Ŝmigly trat mit der polnischen Regierung am 17. September 1939 nach Rumänien über. Die Kampfhandlungen in Polen endeten erst am 6. Oktober 1939.

Don Quijote, Pan Kiehot **(324)** Der Ritter von der „traurigen Gestalt" Don Quijote ist die Erfindung des spanischen Erzählers Miguel de Cervantes (1547–1616). Don Quijote, der zur weltberühmten Gestalt wurde, möchte den Verfall des Rittertums aufhalten und sucht mit seinem Diener und Schildträger Sancho Panza Bewährungsproben eines Ritters: Er kämpft gegen Windmühlen im Glauben, es seien Riesen, sieht zu rettende Prinzessinnen usw. –

Mehrfach hält sich Oskar für einen Don Quijote und erwartet „von der Literatur mehr Anregungen als vom nackten, tatsächlichen Leben" (362). Wie D.Q. verwandelt Oskar dank seiner Narrheit die Welt und bekennt sich später zur Narrheit im Sinne Don Quijotes und Hamlets (603).

***derb gesunden Ohren, deren Läppchen leider nicht frei hingen* (339)** Nach den Studien des italienischen Arztes Cesare Lombroso (1836–1909), der vor der Jahrhundertwende Einfluss auf den europäischen Naturalismus hatte, sind solche Anomalien sehr oft mit Neigungen zu Verbrechen verbunden. Lombroso vertrat die These vom „geborenen Verbrecher". (Vgl. *Neue Verbrecher-Studien*, Halle: Carl Marholf Verlagsbuchhandlung 1907, S. 108 f.)

***BDM-Heimabende* (341)** „Bund Deutscher Mädel in der HJ", Organisation für die 14- bis 18-jährigen Mädchen, Teilnahme seit 1939 gesetzlich vorgeschriebene Pflicht, zu der die wöchentlichen Heimabende gehörten.

***Stalins Tod* (367)** Generalissimus Josef Wissarionowitsch Stalin (eigentlich: Dschugaschwili) starb am 5. März 1953; er war Generalsekretär der KPdSU und der Vorsitzende des Rates der Volkskommissare in der Sowjetunion. Die Angabe ist wichtig als zeitliche Information und für Klepps Weltanschauung.

***Armstrongs Trompete* (367)** Louis Armstrong (1900–1971), schwarzer Sänger und Trompeter, gilt als „King of Jazz". Er entwickelte das ursprüngliche Teamspiel des New Orleans-Jazz zum Solospiel und dem sogenannten „hot chorus".

Blitzmädchen (369) Populäre Bezeichnung für Nachrichtenhelferinnen (Telegrafistinnen, Telefonistinnen in Heer, Marine, vor allem aber bei der Luftwaffe) wegen des Blitz-Symbols auf dem Uniformärmel. Viele dienten allerdings in Zivil. Der Begriff wurde auch für leichtlebige Freundinnen vor allem der Offiziersdienstgrade verwendet.

Tapiau **(374)** Heute: Gwardejsk im Gebiet Kaliningrad (Russland); hatte um die Jahrhundertwende eine „Provinzial-, Besserungs- und Landarmenanstalt", aus der später eine „Irrenanstalt" wurde. Heute befindet sich in der Stadt ein berüchtigtes Gefängnis.

NSKK, Luftschutzwart **(381)** Nationalsozialistisches Kraftfahrkorps, 1934 entstanden aus einer Sondereinheit der SA, diente der Vorbereitung auf militärische Aufgaben. – Der Luftschutzwart war der Leiter der kleinsten zivilen Selbstschutzeinheit, der Luftschutzgemeinschaft. Er war für das vorschriftsmäßige Verdunkeln, Brandwachen u. a. verantwortlich.

Fähnleinführer, Stammführer, Reichsjugendführer **(381)** Ränge in den Jugendorganisationen des Nationalsozialismus. Ein Fähnlein bestand aus 160 Jungen zwischen 10 und 14 Jahren, ein Stamm aus bis zu 800 Jungen, Reichsjugendführer bis 1940 war Baldur von Schirach (1907–74, in Nürnberg zu 20 Jahren Haft verurteilt).

Kreta **(389)** Kreta wurde Ende Mai 1941 von deutschen Luftlandetruppen erobert und besetzt.

Volksdeutsche **(392)** Amtliche Bezeichnung der Nationalsozialisten für Deutsche, die keine deutschen Staatsbürger waren und außerhalb der Grenzen des Deutschen Reiches von 1937 lebten. Sie wurden nach der Qualität des „Deutschtums" in verschiedene Gruppen eingeteilt, die in das Reich oder in neue „deutsche Siedlungsgebiete" (Erlass vom 7. 10. 1939) geführt werden sollten.

Innere Emigration **(403)** Oskar hatte schon einmal den Begriff erwähnt (157), nun aber wird er durch die Anführungsstriche polemisch betont. Der Begriff ist umstritten; er wird verwendet für Künstler, die nach 1933 nicht Deutschland verließen, sondern ihren Protest mit den ihnen verbliebenen literarischen Möglichkeiten gegen den Nationalsozialismus in Deutschland vortrugen. Das trifft für einige Schriftsteller zu (Erich Kästner, Reinhold Schneider, Ricarda Huch), auch wenn wie bei Kästner bestimmte Zugeständnisse gemacht werden mussten. Andere jedoch wie Gottfried Benn und Ernst Jünger, die auch unter diesem Begriff erscheinen, haben nur bedingt damit zu tun, eine Reihe von Mitläufern schließlich, die diesen Begriff für sich in Anspruch nahmen, gar nichts. – Bebra sieht sich in der inneren Emigration und beruft sich auf eine Weltgeschichte der Narren, beginnend im Mittelalter über die Habsburger bis zum „rheinischen Emporkömmling Joseph Goebbels" (402). – Grass hat sich zur „inneren Emigration" und ihren Dichtern geäußert – so in einer Diskussion in der ZEIT 1979. Er hält sie für ein „Nützlichkeitsverständnis", „zu zeitlosen Gefühlen in barbarischer Zeit" zu gelangen.[48]

***Warte nur, balde ...*(417)** Oskar parodiert Goethes bekanntestes Gedicht *Wandrers Nachtlied* (1780) mit den berühmten Schlussversen *Warte nur, balde,/Ruhest du auch.*

***Barackenlager der OT* (417)** OT = Organisation Todt, nach ihrem Leiter Fritz Todt benannte Bauorganisation, die 1938 eingerichtet wurde und militärische Anlagen errichtete.

***Narses, Totila u. a.* (417 f.)** Die Erzählung bezieht sich auf Dahns *Kampf um Rom* (1876), Oskar hat den Roman in Gretchen Schefflers Bibliothek gefunden (111), später tragen Mitglieder der Stäuber-Bande Namen aus dem Ro-

48 Grass: *Zeuge*, S. 129

man als Spitznamen (478). Das zeigt, wie verbreitet und bekannt dieser Roman im Nationalsozialismus war. – Oskar macht eine Liste der verwachsenen Helden auf, die über Narses (Eunuch, missgestaltet, persarmenischer byzantinischer Feldherr, 552 besiegte er die Ostgoten unter Totila bei Taginä, kurz danach Teja, den letzten Ostgotenkönig, am Vesuv), Prinz Eugen als Vorfahren Bebras (s. S. 73) zu Bebra und ihm selbst führt.

***Atlantikwall* (434)** von der deutschen Wehrmacht seit 1942 angelegte Befestigungsanlagen am Atlantik von Holland bis Südfrankreich, die aber 1944 kaum Wirkung zeigten und überrannt wurden.

***Dora sieben* (436)** Das Fronttheater besichtigt Bunker des Atlantikwalls. Während die Liliputaner akrobatische Übungen vorführen und sich Oskar und Roswitha „ineinander verliebt" zeigen (439), findet ein Kunstgespräch zwischen Bebra und dem Kunstmaler Lankes statt. Vorbild für die in den Roman eingebaute Szene war Fernando Arrabals *Picknick im Felde* (1952): Die Eltern des Soldaten Zapo, der in vorderster Kampflinie auf Posten steht, besuchen ihren Sohn zum Picknick. Als alle, auch ein feindlicher Soldat, beim Frühstücken sind, werden sie von einem Maschinengewehr erschossen. Eine ähnliche Szene gibt es in Alexandre Dumas' *Die drei Musketiere*: Wie das Fronttheater (Oskar, Bebra, Felix, Kitty und Raguna) auf dem Betondach des Bunkers bei Trouville, so frühstücken die Musketiere (Athos, Aramis, Porthos, d'Artagnan und der Diener Grimaud) in der umkämpften Bastion Saint-Gervais bei La Rochelle. Grass verwendet häufig Szenen der Unterhaltungsliteratur als Material.

***junge Hunde* (437)** mittelalterlicher Brauch, junge Hunde als „Bauopfer" einzumauern. In Burgen kann man ihre

Skelette sehen (z. B. im Torhaus von Schloss Burgk des Hauses Reuß ä. L. in Thüringen).

***Rommelspargel* (443)** gegen die erwartete Invasion wurden Pfähle in den Sand gerammt und mit Draht verbunden, die den Feind aufhalten sollten. Das Kommando hatte Generalfeldmarschall Erwin Rommel.

***Vorabend der Invasion* (450)** 5. Juni 1944; Landung der Alliierten in der Normandie und Errichtung einer zweiten Front am 6. Juni 1944

***Odysseus, Circe, Penelope, Telemachos* (454)** Der Held im Trojanischen Krieg, König von Ithaka, wurde auf seiner zehnjährigen Irrfahrt auch zu der Zauberin Kirke geführt. Sie verwandelte seine Gefährten in Schweine, aber Odysseus erlöste sie. Während seiner insgesamt zwanzigjährigen Abwesenheit warteten seine Frau Penelope, trotz zahlreicher Freier, und sein Sohn Telemachos in Treue auf Odysseus, der bei seiner Rückkehr die Freier mit dem Bogen des Odysseus, den nur er spannen konnte, erschoss. Wegen seiner Irrfahrten gilt er als Beispiel für Vertreibungen, Irrfahrten und Flucht. Wieder wird von Grass ein weltliterarischer Stoff ironisiert.

***Beamter vom Gesundheitsministerium* (455, s. a. *in die Hände jener Ärzte* 475 f.)** Oskar soll Opfer des so genannten Euthanasiebefehls werden. Das von Hitler 1939 erlassene Ermächtigungsschreiben bot die Grundlage, um von den Faschisten als „lebensunwert" eingestufte Menschen zu töten. Pflege- und Heilanstalten hatten Patienten zu melden, die an bestimmten Krankheiten wie Epilepsie, senile Erkrankungen u. a. litten. Ärztliche Gutachter entschieden auf Grund der Meldung über Leben und Tod der betroffenen Menschen. Anfang 1940 begann die Ermordung in großem Umfang. Nach Protesten der Kirchen

(z. B. der Bischof von Münster Clemens August Graf von Galen während einer Predigt) wurde 1941 die Tötungsaktion offiziell eingestellt; dennoch fielen bis 1945 noch Tausende von Menschen den Morden zum Opfer.

Gefrierfleischorden, Panzerknackerläppchen **(463)** Jargonausdrücke für die Medaille für den russischen Winterfeldzug 1941/42 und Litze für den Abschuss von Panzern, die auf die Uniform genäht wurde.

Präfation **(466)** Dankgebet bei Eucharistiefeier oder Abendmahlsgottesdienst.

Adalbert von Prag **(467)** (965–997) Bischof von Prag seit 983, auf einer Missionsfahrt von den heidnischen Pruzzen erschlagen.

Du bist Oskar, der Fels **(470)** Variation des Spruchs, durch den Petrus von Jesus den Namen erhielt: „Du bist Petrus und auf diesen Felsen will ich bauen" (Matthäus 16,18).

Lebensmittelmarken **(474)** 1937 wurden bereits die Lebensmittelkarten gedruckt, aber erst am 27. August 1939 ausgegeben. Sie galten für die wichtigsten Lebensmittel und notwendige Verbrauchsgüter. Sonderzulagen gab es für Kinder, Schwer-, Schwerst- und Nachtarbeiter, seit 1944 für werdende und stillende Mütter.

Dame mit Einhorn **(494)** Einerseits wurde das Einhorn zu einem Begleitsymbol der Jungfrau Maria, da es nur von einer keuschen Jungfrau gefangen werden konnte, andererseits war es verbreitet bei den französischen Symbolisten um die Jahrhundertwende und den Surrealisten. Das Einhorn erschien als Begleiter schöner Frauen. Bilder von Gustave Moreau und Armand Point sind dieser Szene und Oskars Beschreibung ähnlich. – Als Ulla und Oskar Modell für das Bild „Die Dame und das Einhorn" stehen, findet der Maler Raskolnikoff „zum Surrealismus" (619).

***Rugier* usw. (520)** Oskar bietet in dem Exkurs eine Kurzgeschichte Danzigs. Die Rugier gehören zur gotischen Gruppe der Ostgermanen; die Insel Rügen geht mit ihrem Namen auf sie zurück. Bereits im 2. Jahrhundert zogen sie wie die Goten nach Süden. Ihnen gegenüber standen die Pruzzen, den Litauern verwandt, die von den Polen bedrängt wurden. Erschlagen wurde Adalbert von Prag auch von Kaschuben, die den Polen verwandt sind. Sie finden sich im alten Herzogstitel: Barnim I. und Boguslaw nannten sich 1267 und 1291 Herzöge der Kaschuben und Wenden. Dieser pommersche Titel ging später in den kurfürstlich brandenburgischen ein und wurde noch im großen und kleinen preußischen Königstitel geführt.

***Rokossowski* (523)** Konstantin Konstantinowitsch Rokossowski (1896–1968), sowjetischer Marschall polnischer Herkunft, Heerführer im Zweiten Weltkrieg (z. B. in Stalingrad), Oberbefehlshaber der Armeegruppe Nord, bot Gerhart Hauptmann Schutz im polnisch gewordenen Agnetendorf. 1949–1956 polnischer Verteidigungsminister, 1956–62 stellv. sowjetischer Verteidigungsminister.

***Treblinka* (524)** 1942 von der SS errichtetes Vernichtungslager in Ostpolen, ausschließlich für die Tötung von Menschen bestimmt. Es war eines der vier Lager, in denen die „Endlösung" der Judenfrage durchgeführt wurde. In ihnen wurden über 2 Millionen Juden, Sinti und Roma vergast, danach verscharrt oder verbrannt. Im November 1943 wurde das Lager abgerissen.

***ZOB* (543)** Zydowska Organizacja Bojowa (Jüdische Organisation des Kampfes), führte 1943 den Aufstand im Warschauer Getto.

***Trawnikileute* (544)** Ukrainische Hilfstruppen der Faschisten.

***British Center* (570)** 1934 gegründete und dem British Council zugeordnete Einrichtungen zur Pflege und Verbreitung der englischen Sprache und Kultur im Ausland.

***Draußen vor der Tür* (571)** Berühmtes Hörspiel und Schauspiel von Wolfgang Borchert (1921–47) über den Soldaten und Heimkehrer Beckmann, der seine Verantwortung am Krieg zurückgeben will und feststellen muss, dass seine Vorgesetzten längst wieder mitbestimmen. Beckmann trug eine so genannte Gasmaskenbrille: Augengläser mit Gummibändern (*kaputte Brille*).

***Pastor Niemöller* (572)** (1892–1982), evangelischer Pfarrer, Gegner des Nationalsozialismus, Gründer des Pfarrernotbundes, Leitungsmitglied der Bekennenden Kirche, 1937 bis 1945 im KZ. 1947–64 Kirchenpräsident in Hessen-Nassau. – Bezieht sich auf Oskars Mitteilung, er habe mit „Katholiken und Protestanten die Kollektivschuld" diskutiert (570). Niemöller war am „Stuttgarter Schuldbekenntnis" des Rates der Evangelischen Kirche beteiligt.

***Muschelkalkkissen, Diabasplatten, Hohlkehlen* usw. (574)** Begriffe aus der Arbeit des Steinmetzen, die später genauer beschrieben wird (577, 581): Muschelkalkkissen = eine Ersatzmarmorplatte, Diabas = Ergussgestein, Hohlkehle = rinnenförmige Vertiefung

***Akanthusblätter* usw. (581)** Tief geschlitzte Blätter des Bärenklaugewächses Akanthus, in der griechischen Ornamentik verwendet und bis in den Barock dominierend.

***PX* und *INRI* (581)** Das griechische und lateinische Zeichen für Christus (**J**esus **N**azarenus **R**ex **J**udaeorum).

***Fasen, Doppelfasen* (581):** abgeschrägte Kanten, von fasen = abkanten

***Schieber* (594)** aus den USA stammender marschartiger Modetanz „Onestep" der zwanziger Jahre (Einschritt), der in

Deutschland volkstümlich „Schieber" genannt wurde. Oskar hatte die Tänze seiner Eltern genannt (49), unter denen sich auch der Sch. befand. Er beschreibt seine Formen („und dennoch stürzen sie nicht") sehr gut. Eine Variante des Tanzes wurde „Jimmy" (595 f.) genannt und hatte eine eigene Schuhmode.

***Kardinal Frings* (600)** Der Kölner Erzbischof (1887–1978) hatte in seiner Silvesterpredigt 1946 den Menschen zugestanden, sich das zu nehmen, was sie zur Erhaltung des Lebens unbedingt benötigten.

***Professor Kuchen* (606)** Vorbild: Otto Pankok. Dessen Schüler waren „damals eine Ansammlung begabter und verrückter, schräger und bunter Vögel".[49] Der spätexpressionistische Zeichner gestaltete beeindruckend das Leiden der Sinti und Roma sowie des jüdischen Volkes.[50]

***Professor Maruhn* (609)** Nach dem Vorbild Joseph (Sepp) Mages, bei dem Grass Bildhauerei studierte. Der an Maillol geschulte Mages leitete die Bildhauerklasse von 1938 bis 1961.

***Raskolnikoff* (618)** Im Roman ein Maler an der Kunstakademie, den man so nannte, „weil er ständig von Schuld und Sühne sprach" (619). *Schuld und Sühne* (1866) ist der Titel eines berühmten und für die deutsche Literatur bedeutsamen Romans von Fjodor M. Dostojewski. Der Roman hieß in der Übersetzung nach seiner Hauptgestalt auch *Raskolnikow* oder trug beide Titel.

***Karbidlampen* (688)** Karbid (Calziumkarbid CaC_2) besteht aus grauen Brocken, die in einem Glasbehälter an der Luft durch Wasseraufnahme zerfallen und das farblose,

49 Vgl. zu Grass' Beziehung zu Pankok seinen Brief vom 27. Oktober 1981. In: Grass: *Zeuge*, S. 131 f.

50 Vgl. dazu Neuhaus 1997, S. 47 f.

eigentümlich riechende Äthin freisetzen (Azetylen), das leuchtend verbrennt.

Religionskrieg **(721)** Oskar bekennt sich zu historischen Repräsentanten des Katholizismus, nachdem er zum wiederholten Male „merkwürdigerweise"(666) in sich den Katholizismus spürt: Maria Stuart (1542–1587) (665), Eamon De Valera (1882–1975, irischer Unabhängigkeitskämpfer, führend im Dubliner Aufstand 1916, 1926 Gründer der Partei Fianna Fáil, wiederholt Premierminister, 1959–73 Präsident Irlands), Don Juan d' Austria (1547–78, der spanische Feldherr schlug in der Seeschlacht von Lepanto die türkische Flotte, seit 1576 Statthalter der spanischen Niederlande, deren Unabhängigkeitsbewegung er unterdrückte). – Armada: Die legendäre Flotte des katholischen Spaniens wurde von den Engländern 1588 geschlagen; damit endete die spanische Vormacht auf See. Für die gegnerische Seite werden Trafalgar und Nelson genannt.

Ringfinger **(751)** Oskars Anbetung des in Spiritus aufbewahrten Ringfingers ist die Ritualisierung eines Sexualsymbols. Oskar hatte seinen Penis als elften Finger oder als dritten Trommelstock bezeichnet (363) und mit ihm eine ähnlich spektakuläre Zeugung vollbracht wie seine Großmutter auf dem Kartoffelacker. Wenn er den Ringfinger Dorotheas aufbewahrt, ist das die Erinnerung an sein Versagen auf sexuellem Gebiet und an neu entstandene Schuld.

Dante **(771)** Dante wandert in der *Göttlichen Komödie* als Dreißigjähriger durch Hölle, Fegefeuer und Paradies. Dante und Virgil gehen hinunter zur Hölle. Die schlimmsten Sünder, denen Dante begegnet, sind in den untersten, dem siebten bis neunten Kreisen. Im 34. Gesang wird der

Aufstieg aus der Hölle beschrieben. Von dorther kehrt nun Oskar-Dante zurück.

Was soll ich noch sagen (776) Als Oskar nach Dante und Goethe den Messias als Variante für eine andere Identität wählt, entwirft er eine Kurzbiografie, die vom Glaubensbekenntnis („Ich glaube an Jesum Christum, seinen eingeborenen Sohn, unsern Herrn ...)[51] abgeleitet wird. Zuvor hatte ihm Vittlar zum 30. Geburtstag mit dem Hinweis auf Jesus gratuliert, der mit 30 Jahren Jünger um sich gesammelt habe (764). Vgl. Lukas 3,23.

51 Vgl. Der kleine Katechismus Dr. Martin Luthers mit der Haustafel. Das zweite Hauptstück. Der zweite Artikel

2.6 Stil und Sprache

Die Blechtrommel-Sprache ist zuerst **die Sprache Oskar Matzeraths**. Wenn man die bestimmt, kommt man in Schwierigkeiten. Bis zum Weggang aus Danzig spricht er kaum, den **ostpreußischen Dialekt** überlässt er der Großmutter und einigen anderen Figuren. Er selbst arbeitet vor allem mit vorsprachlichen Möglichkeiten. Will er bei Gretchen Scheffler Unterricht erzwingen, versucht er sie mit **hilflosem Lallen** zu überzeugen: Aus Goethe wird „Döte", aus Rasputin „Raschu" (113 ff.). Als Schauspieler geht er mit einer gemessenen, durchaus literarischen Sprache um, als Erzähler geht er auf seinen Leser mit einer semantisch variablen, ironisch gefärbten Sprache ein. Er kann sich problemlos zwischen stilistisch gehobener und umgangssprachlich gefärbter Sprache bewegen. (Grass hat das Gymnasium nicht abgeschlossen; nach dem Krieg verschaffte ihm eine Lehrerin Schulbücher, mit denen er sich selbst zu bilden versuchte. So hatte er meist „ein lateinisches Vokabelbuch" dabei, als er im Kalibergwerk als Koppeljunge arbeitete.[52])

Die Blechtrommel-Sprache ist aber auch **die Sprache Günter Grass':** Er hat Oskar zu seinem sprachlichen Vermögen befähigt, meldet sich aber im Roman selbst als Erzähler. Das ist der Fall, wenn er Oskars Berichte erweitern oder korrigieren will. Einmal geschieht das in der Zurückweisung landsmannschaftlicher Ansprüche und des Versuchs, Polen „mit Krediten" zu erobern (135). Ein anderer Korrekturversuch findet sich im Kapitel „Er liegt auf Saspe" im 2. Buch: Der Autor nimmt ihn an seinem Erzähler Oskar vor, auch wenn er ihm zubilligt, „dann und wann im Sinne

52 Vornweg, S. 28

einer bewußt knapp zusammenfassenden Abhandlung zu übertreiben, wenn nicht zu lügen" (318).

Als eine Besonderheit des Stils wurde Grass' Umgang mit Sprichwörtern festgestellt. Sie geben Figuren eine volkstümliche Sprache oder enthüllen soziale Ursachen: Während einer Umbettung denkt Oskar „Bete und arbeite – Industrie und Religion Hand in Hand." (599). Zu den Sprichwörtern, die von Grass oft verändert werden, gesellen sich auch zahlreiche literarische Zitate, die zu Sprichwörtern geronnen sind. Auch sie werden teilweise variiert: Hamlets berühmte Monologeröffnung „Sein oder Nichtsein, das ist hier die Frage" erscheint als „Heiraten oder Nichtheiraten, das ist hier die Frage" (603). Außerdem werden in ähnlicher Weise Sinnsprüche und Epigramme eingesetzt.[53]

Sprichwörter

Eine besondere Rolle nehmen im Roman Farben ein (Vgl. Oskars Erinnerungen im Kleiderschrank Dorotheas, 649 ff.: mit Farben wie marineblau, himbeerfarben, goldgestickt usw., gipfelnd im Gegensatz von schwarz und weiß, der der Gegensatz von Angst (Schwarze Köchin) und Liebe (weiße Krankenschwester) ist). Der Roman beginnt mit der Beschreibung von Oskars Zimmer, das völlig in Weiß gehalten ist. Weiß ist die Farbe des Krankenhauses, der Liebe und der Unschuld, das ist im Roman synonym. Die Wohnung der Matzeraths ist dagegen vorwiegend dunkel gefärbt: Schwarz dominiert, am hellsten ist der „hellbraune Radioapparat" (50). – Grass hat Farben stets Aufmerksamkeit geschenkt, hielt Grau für einen ihn „bestimmenden Grundwert", der sich mit dem Ver-

Farben

53 Vgl. dazu: Edyta Blachut: *Sprachspiel mit Sprichwörtern bei Günter Grass.* In: Germanica Wratislavensia 122, Acta Universitatis Wratislaviensis Nr. 2174, Wroclaw 2000, S. 137–145

zicht auf „reine Farbe" verbinde, „den absoluten Größen, dem ideologischen Weiß oder Schwarz"[54].

Anleihen bei Dostojewski

Sprache und Stil weisen auf Anleihen bei Dostojewski hin. Grass gibt Hinweise, indem er einen Maler Raskolnikoff nennt, weil er immer von *Schuld und Sühne* spricht. Aber die Parallelen gehen weiter, von Grass eingeräumt: Er habe, schrieb er 1989, „als Zwölf- oder Dreizehnjähriger, ohne recht zu begreifen, was ich las, über Dostojewski mit roten Ohren [gehockt], ein Leseerlebnis, nachwirkend bis heute"[55]. Dostojewski stand, wie Fülöp-Millers *Der heilige Teufel. Rasputin und die Frauen*, im verglasten Bücherschrank seiner Mutter. Auf Dostojewski weist der analytische Versuch hin, einer den falschen historischen Weg gegangenen Jugend und Nation einen gewaltlosen Weg aus dem sittlichen Chaos zu weisen, dabei aber feststellen zu müssen, dass es einen solchen Weg nicht gibt. So wie Dostojewski einen russischen Messianismus verkündete, lässt Grass seinen Oskar Matzerath den Messias mimen (774). Eine Erlösung ist nicht in Sicht; der ernsthafte Versuch ist nur noch als Farce möglich. Die allerdings wird auf höchster Stilebene geboten: Oskar sieht sich Gottvater, dem eingeborenen Sohn und dem Geist ebenbürtig, weiß sich in der „Nachfolge Christi", ist ihr aber „mit Unlust verpflichtet" (459).

Danzig und Oskar Matzerath

Danzig und Oskar Matzerath stehen nicht nur für Stadt und Familie, Land und eigene Persönlichkeit, sondern auch für eine bestimmte Literatur. Schon die *Blechtrommel* hatte die Kritiker immer

54 Vgl. David Roberts: *„Gesinnungsästhetik"? Günter Grass, Schreiben nach Auschwitz* (1990). In: Paul Michael Lützeler (Hg.): Poetik der Autoren. Beiträge zur deutschsprachigen Gegenwartsliteratur. Frankfurt a. M.: Fischer Taschenbuch Verlag 1994, S. 239 f.

55 Grass: *Zeuge*, S. 193

wieder an die Barockliteratur erinnert. Das hängt mit der deutlichen, lustvollen und sinnlich geprägten Sprache zusammen, aber wohl auch mit den Verwendungen pommerscher Begriffe und vor allem dem Einsatz ungewöhnlicher Satzmelodien:

> *„Sie pfiff, ohne ein Lied zu meinen, und scharrte mit dem Haselstock die erste gare Kartoffel aus der Asche. Weit genug schob sie die Bulve neben den schwelenden Krautberg, damit der Wind sie streifte und abkühlte. Ein spitzer Ast spießte dann die angekohlte und krustig geplatzte Knolle, hielt diese vor ihren Mund, der nicht mehr pfiff, sondern zwischen windtrocknen, gesprungenen Lippen Asche und Erde von der Pelle blies."* (15).

Die synonymische Folge von „Kartoffel-Bulve-Knolle" und die Personalisierung der Objekte sind typische sprachliche Mittel Grass': Der „spitze Ast" und der „Mund" gehen eine Beziehung ein, die bereits jene erotisierenden Merkmale enthält, die kurz darauf zur Zeugung von Oskars Mutter führen. Nicht umsonst wurde Grass immer wieder eine sinnliche Sprache bescheinigt.

2.7 Interpretationsansätze

Der Roman kreist wie alle Werke Grass' um seine **Erfahrungen mit Deutschland**, vor allem in der Zeit seiner Danziger Kindheit und Jugend. Sie fällt zusammen mit dem Aufstieg und dem Niedergang des deutschen Nationalsozialismus. Das individuelle Schicksal wird zu einer Analyse der deutschen Vergangenheit und Schuld. Die Mehrzahl der Deutschen hatte Schuld auf sich geladen, der Roman beschreibt und differenziert sie. Auch Oskar lädt nachweisbar Schuld auf sich: Er denunziert Bronski und trägt zum Tod Alfred Matzeraths bei. Beide Vorgänge stehen sich gegensätzlich gegenüber. Bei der ersten Schuld stellt sich Oskar an die Seite der Nationalsozialisten, bei der zweiten bestraft er einen Nationalsozialisten. Sinnbild der Schuld wird im Roman die „Schwarze Köchin"; nur bei den „Müttern" (S. 70), unter den Röcken der Großmutter, ist man unschuldig. Oskar wünscht sich in Paris, die Großmutter Anna Koljaiczek „sollte dort wie ein Berg ruhen und mich und mein Gefolge nach glücklicher Auffahrt unter die Röckem in den Berg hineinnehmen" (776). Wenn Oskar danach das „Glaubensbekenntnis" variierend mit dem Bekenntnis schließt, er fürchte sich „immer noch vor der Schwarzen Köchin" (776), ist das das Ergebnis seiner Erinnerung: Er hat erkannt, dass man der Schuld nur begegnen kann, wenn man um sie weiß und sich ihrer bewusst wird. So verändert sich auch am Ende der ursprüngliche Text des Kinderliedes: „Ist die Schwarze Köchin da? Jajaja! Du bist schuld und du bist schuld und du am allermeisten. Ist die Schwarze Köchin da ..." (778). Grass

Analyse der deutschen Vergangenheit und Schuld

Schwarze Köchin

desillusioniert den Leser, der meint, im faschistischen Alltag habe es Normalität gegeben, und er zwingt das Denken, sich die Schuld an der Mitbeteiligung einzugestehen.

Tradition des Schelmenromans

Vom Eröffnungssatz aus kann der Roman als Lügensammlung verstanden werden; literarisch ist das die Tradition des Schelmenromans. Er wird über die Kunstfigur Oskar erreicht, dessen Leben sich wie das eines modernen Gulliver abspielt.

Oskars Ziel ist eine Gestalt aus Rasputin und Goethe; er variiert dieses Vorhaben lebenslang in anderen Gegensatzpaaren, kommt aber nicht ans Ziel: Statt seines Ideals wird er immer wieder als Narr bestätigt und nimmt diese **Narrenrolle** an. Im Fronttheater erreicht Oskar die höchste Annäherung an den Narren und kann dadurch auch sein Leben retten. Er bildet zu seiner Legitimation eine summierende Reihe von Narren: In sie werden aufgenommen Yorick (aus Shakespeares *Hamlet*) und Parzival (aus Wolfram von Eschenbachs *Parzival*). Der Narr ist der naive Mensch, der die Welt erfühlt oder ertrommelt, nicht durchdenkt.

Heinrich Heines Polenschilderungen

Der Roman kann auch als Verbeugung von Günter Grass vor Heinrich Heine gelesen werden. Das beginnt mit dem Bild des Trommlers und führt bis zu Heinrich Heines Polenschilderungen: Er durchstreift „den preußischen Teil Polens die Kreuz und die Quer"[56]. „... weite Flächen von Ackerland" und „dicke mürrische Fichtenwälder" fand er charakteristisch für ein Land, dessen Menschen vom Ackerbau und Viehzucht lebten. Oskars Familiengeschichte hat auffällige Ähnlichkeiten mit Heines *Aus den Memoiren des Herren von Schnapelewopski*, der Handlungsraum ist „das

56 Heinrich Heine: *Über Polen*. in: Werke. Hrsg. von Ernst Elster. Leipzig 1890, Band VII, S.189 ff.

alte Gnesen, die ehemalige Hauptstadt von Polen", begraben ist dort „der heilige Adalbert". Sogar die Weiterführung von Texten scheint sich zu finden: Die Zeugungs-Episode zwischen Maria und Alfred Matzerath auf dem Sofa findet sich ähnlich bei Heine; nur als es zu der „guten Geschichte" kommt, macht der Erzähler einen „langen Gedankenstrich" und erklärt: „Dieser Strich bedeutet ein schwarzes Sofa, und darauf passierte die Geschichte, die ich nicht erzähle."[57] Oskar Matzerath indessen erzählt diese Geschichte (372). Auch anderes erinnert an Heine, Oskars Eindrücke von Düsseldorf, die Paris-Erlebnisse usw.

Oskar erzählt vom Bett aus; **das Bett ist auch Ziel des Erzählens**. Es ist „Trost" und könnte „Glaube werden" (10), da es die vollständige Vereinsamung bringt, den Rückzug auf sich selbst. Ähnliche Vorgänge gibt es in der deutschen Literatur dieser Zeit mehrfach: In Wolfgang Hildesheimers Roman eines chronischen Nachtwandlers *Tynset* (1965) ist es ein Renaissance-Bett, in dem ein Doppelmord geschehen ist, das als spektakuläres Sommer- und Winterbett eine große Rolle spielt. Das Gitterbett Oskars ist Sinnbild totalen Kontaktverlustes, das aber die Möglichkeit eröffnet, außerhalb der sozialen Wirklichkeit ein menschlicheres Traumleben zu führen. Das anregende Beispiel für alle diese Varianten ist die extreme Situation, die Franz Kafka in der Erzählung *Die Verwandlung* (1915) geboten hat: Der Handelsreisende Gregor Samsa findet sich eines Morgens in seinem Bett in ein riesiges Ungeziefer verwandelt, ist isoliert und wird damit äußerlich seiner Menschlichkeit beraubt. Dass Kafka frühzeitig „Muster" gegeben hatte, wurde von Grass bestätigt.[58] –

57 ebd., Band IV, S. 97 und 119
58 Grass: *Zeuge*, S. 106

Erzählt wird in **extremen Gegensätzen**.[59] Das wird zur Erzählmethode erhoben: Goethes *Wahlverwandtschaften* und Rasputin stehen sich als solche gegensätzlichen Bildungsinhalte gegenüber, Oskar zählt ähnliche Gegensätze mehrfach auf, darunter „Hänschenklein und Karl der Große, David und Goliath, Mann im Ohr und Gardemaß" (71)[60]

Erzählmethode

Der Roman verwendet zahlreiche Symbole und eine ausgefeilte Zahlensymbolik. Die Drei ist eine mythische Ziffer, die für Oskar, den Dreijährigen, wichtig wird, aber als Dreieck auch Ausdruck von Liebesbeziehungen ist, die „dreifaches Glück" (65) bringen. Der Gegensatz ist das Viereck, das Feste, Geordnete und Sichere (64), aber auch Langweilige. Das Dreieck im Viereck gibt „spannungsreichen Frieden" (66).

Symbole

Ohne Danzig, ohne das Preußenland und ohne die schwierige Geschichte von Stadt und Land gäbe es das Werk Günter Grass nicht. Die Geschichte der Stadt gibt Grass in einer ebenso präzisen wie kurzen Beschreibung wider:

Geschichte der Stadt

„Zuerst kamen die Rugier, dann kamen die Goten und Gepiden, sodann die Kaschuben, von denen Oskar in direkter Linie abstammt. Bald darauf schickten die Polen den Adalbert von Prag. Der kam mit dem Kreuz und wurde von Kaschuben oder Pruzzen mit der Axt erschlagen. Das geschah in einem Fischerdorf, und das Dorf hieß Gyddanyzc. Aus Gyddanyzc machte

59 Stolz nennt sich Oskar einen „in Gegensatzpaaren schwelgenden Erzähler", S. 130

60 Diese Methode wandte Grass kontinuierlich an. Als 1968 das tausendjährige Jubiläum der Domstadt Meißen begangen wurde, hatte Grass 1966 für den Komponisten Wolfgang Hufschmidt einen antiphonisch gesetzten Text zu Luthers *Tedeum Laudamus* geschrieben. Er wollte damit dem Christentum den Atheismus, dem Glauben den Zweifel gegenüberstellen.

man Danczik, aus Danczik wurde Dantzig, das sich später Danzig schrieb, und heute heißt Danzig Gdańsk." (520)

Grass gibt dem „Heute" die entscheidende Stellung und erreicht dadurch einen demonstrativen Gestus im Satz. Die Vergangenheit ist für Oskar definitiv abgeschlossen, sowohl sich selbst betreffend als auch seine Stadt: In der kurz gefassten Geschichte Danzigs wechselt der Erzähler ein einziges Mal die Zeitformen. Während er den historischen Ablauf im Imperfekt bietet („kamen", „schickten" usw.), schließt er seinen Abriss mit „... und heute heißt Danzig Gdańsk." Da bleibt kein Raum für Spekulationen.

Volker Neuhaus hat das treffend die „Poetik des Verlustes" genannt[61]. Grass hat, wie er mehrfach in der Beschreibung seiner literarischen Absichten bekannte, den „Verlust" als treibende Kraft für das Schreiben bezeichnet. 1992 formulierte er in der „Rede vom Verlust":

Poetik des Verlustes

„Nur was gänzlich verloren ist, fordert mit Leidenschaft endlose Benennungen heraus, diese Manie, den entschwundenen Gegenstand solange beim Namen zu rufen, bis er sich meldet. Verlust als Voraussetzung für Literatur. Fast neige ich dazu, diese Erfahrung als These in Umlauf zu bringen."[62]

Neben dem Ort sind die Mütter besonders wichtig, die Großmutter Anna und die Schwarze Köchin sind die Pole, zwischen denen sich Oskars Leben vollzieht. Die Väter bei Grass sind uninteressant. (Oskar geht auch nur der Zeugung seiner Mut-

Väter bei Grass

61 Neuhaus, 1997, S. 14
62 ebd.

ter nach, der seiner Väter nicht.) Joseph Koljaiczek alias Joseph Wranka, der Großvater, wird schnell wieder aus der Handlung entfernt und bleibt nur als Phantom erinnerbar. Oskars Vater ist noch nebulöser: Niemals wird geklärt, ob es Jan Bronski oder Alfred Matzerath war. Ähnlich ergeht es dem Leser mit Kurt Matzerath: Niemals wissen wir, ob Oskar oder sein Vater Alfred ihn gezeugt hat. Wir wissen nur, dass Maria Kurts Mutter ist. Sie wird auch die Stiefmutter Oskars. Das mutet an wie eine Säkularisierung, fast eine Travestie von Christi Geburt, denn schließlich sieht sich Oskar dem Heiligen Geist ebenbürtig und in seiner Nachfolge. Von wem Marias Kind ist, bleibt unklar. Alfred, der Vater, und Oskar, der Sohn, kommen gleichermaßen in Frage. Es könnten aber Oskar und Kurt von Alfred stammen. Ein die Kindheit und Jugend bestimmendes Verhältnis scheint hier im großen mythischen Ereignis gespiegelt worden zu sein. Dass die Mütter von Bedeutung sind, die Großmutter, die Mutter und Maria, die Geliebte und Stiefmutter, hat ursächlich mit Grass' Beziehung zur eigenen Mutter zu tun, die für die künstlerischen Neigungen viel Verständnis hatte und sie auch entwickelte. Die besondere Bindung an die Mutter hat Grass immer wieder thematisiert, nicht nur in der *Blechtrommel.* Die Familie der Mutter hatte auch künstlerisch begabte Mitglieder aufzuweisen: Drei Brüder der Mutter, die alle, kaum zwanzig Jahre alt, im Ersten Weltkrieg fielen, waren als Maler, Koch und Schriftsteller Günter Grass wohl vergleichbar. Und dem Onkel Artur Knoff fühlte er sich so verwandt, dass er sogar seinen Namen als Pseudonym wählte, als er 1966 unbekannte Erzählungen von sich veröffentlichte.[63]

63 Neuhaus, 1997, S. 7

Oskar sieht sich mehrfach von Katholizismus berührt. Obwohl er wie Günter Grass aus einer „Mischehe, wie man im Kirchengebrauch sagt“[64], stammt, war der katholische Teil der bestimmendere. Oskar kennt das Ritual der katholischen Messe genau und setzt es während seines Erzählens mehrfach ein. Grass bekennt, im Katholizismus einiges von Bedeutung gefunden zu haben: „ein optischer, ein akustischer, ein riechbarer Reiz, etwas Heidnisches“[65]. Als er nach dem Kriege erkannte, wie sich die katholische Kirche mitschuldig an den Verbrechen gemacht hatte, löste sich Grass von der katholischen Kirche, bis er 1974 austrat. Es blieben die äußerlichen Versatzstücke, es blieb eine gewisse Toleranz, die sich aus der „Mischehe“ ergeben hatte, und es blieb ein Katholizismus, der immer „auf seiten des Volkes gewesen ist“, wie es im polnischen der Fall war.[66]

Katholizismus

Einer der wichtigsten Schlüssel für den Roman ist die **Herkunft der erzählerischen Begabung Oskars**. Ein „Doppelgriff“ hatte sein Leben bestimmt (111), er erinnert sich dieses Doppelgriffs unentwegt. Zwei Namen stehen stets beieinander, nicht getrennt. Sie gehören zusammen, auf eine existenzielle Weise: Goethe und Rasputin, Oskars „Lieblingsautoren“ (423). „Bis zum heutigen Tage“, so versichert Oskar, schwanke er zwischen Goethe und Rasputin, nicht zwischen Schiller und Konsorten (112). Diese Dopplung gehört zu den **Kontrasten**. Sie gehören zu Grass' Gestaltungsmitteln; „Kontrastpaare“ werden von ihm bevorzugt, bei Oskar sind sie miteinander

Goethe und Rasputin

Kontrastpaare

64 Grass: *Zeuge*, S. 133
65 ebd., S. 134
66 ebd., S. 138

verschmolzen. Kontraste selbst finden sich häufig im Roman und werden als bildhafte Gegenwart durch Beethoven und Hitler erinnert. Aber die Dopplung von Goethe und Rasputin bedeutet mehr und bewirkt für den Roman Grundsätzliches; sie wird nur übertroffen durch das „Studium der weiblichen Anatomie" (400), bei dem es Oskar noch weiter brachte. Da schimmert Autobiografisches durch.
Die Zusammenfügung von Rasputin und Goethe steht für die Abstammung Grass: Das Kaschubische und das Deutsche stehen stellvertretend für Slawisches und Germanisches, es wird stilisiert zu Rasputin und Goethe, stellvertretend für slawische Kultur und germanische Kultur. So kann Oskar schließlich aus den Büchern auch praktische Verhaltensweisen ableiten wie „mit den Russen soll man keine Scherze treiben. Das wußte Oskar noch von seiner Rasputinlektüre" (514).
Ursprünglich hatte es schlicht begonnen. Das Kapitel, in dem die Begegnung mit den unterschiedlichen Texten beschrieben wird, heißt *Rasputin und das ABC* (103). Es gehört zu den frühesten Teilen des Romans. Nachdem Oskars Schulbesuch nur einen Tag dauerte, bemühte er sich selbst, lesen zu lernen. Als Lehrerin wählte er sich die Bäckersfrau Gretchen Scheffler. Einer inneren Stimme folgend griff er, um damit das ABC zu lernen, zu Rasputin und Goethe. Oskar Matzerath lernte aber nicht nur mit Hilfe Rasputins und Goethes das Lesen, sondern vereinigte die beiden literarischen Zeugnisse so miteinander, dass eine neue Qualität entstand. So wie Oskar durch die beiden Bücher das Lesen lernte, so bestimmten sie auch sein Erzählvermögen und seine Weltsicht. Oskar ist fasziniert von der „zentralen Figur" des Rasputin (113), bedarf aber einer Korrelation, die ihm Goethe bietet:

„... allzubald wurde mir klar, daß auf dieser Welt jedem Rasputin ein Goethe gegenübersteht, daß Rasputin Goethe oder Goethe einen Rasputin nach sich zieht, sogar erschafft, wenn es sein muß, um ihn hinterher verurteilen zu können." (115)

Das Verhältnis beider zueinander ist ungleichmäßig; nur in jeder vierten Unterrichtsstunde verlangte Oskar nach Goethes *Wahlverwandtschaften*. „Rapupin", „Raschuschin" oder einfach „Raschu" für den einen, „Döte" für den anderen waren die Signalworte, mit denen Oskar das Lernen einforderte. Der Unterricht hatte Wirkungen auf die Mutter, deren Lippen „trocken und rissig" wurden, wenn von den Orgien Rasputins die Rede war, ganz so wie die der Großmutter Anna Bronski, wenn ein spitzer Ast geplatzte Knollen in den Mund schob.

Wahlverwandtschaften

Schwieriger ist, in Oskars Erzählerdasein die Spuren der *Wahlverwandtschaften* zu finden. Leidenschaften werden wie Versatzstücke behandelt, die in unterschiedliche Bindungen geraten können; alles ist von diesen Leidenschaften bestimmt. Das ist das Hauptthema der *Wahlverwandtschaften*. Bindungen, die der Mensch eingeht, sind aufhebbar durch neue Kräfte. Goethes Hauptmann beschreibt es so:

„... diese Fälle sind allerdings die bedeutendsten und merkwürdigsten, wo man das Anziehen, das Verwandtsein, dieses verlassen, dieses vereinigen gleichsam übers Kreuz wirklich darstellen kann, wo vier, bisher je zwei zu zwei verbundene Wesen, in Berührung gebracht, ihre bisherige Vereinigung verlassen und sich aufs Neue verbinden. In diesem Fahrenlassen und Ergreifen, in diesem Fließen und Suchen glaubt man wirklich eine

> *höhere Bestimmung zu sehen, man traut solchen Wesen eine Art von Wollen und Wählen zu und hält das Kunstwort 'Wahlverwandtschaften' für vollkommen gerechtfertigt.*"[67]

Betrachtet man Oskars Familie, stellen sich diese Überlegungen schnell ein: Agnes und Alfred Matzerath, Jan Bronski und Agnes, Maria und Oskar, Maria und Alfred. Geradezu deckungsgleich zu den literarischen Vorbild wird die unerfüllte Liebe Oskars zur Krankenschwester Dorothea: Ein Dr. Werner liebte Dorothea, eine Krankenschwester Beate liebte den Dr. Werner, Oskar liebte Dorothea und Dorothea „liebte niemand oder allenfalls heimlich den kleinen Oskar" (765). Beate tötete Dorothea und pflegte Dr. Werner zu Tode; Oskar geriet in Verdacht, der Mörder Dorotheas zu sein. Das Modell der *Wahlverwandtschaften* wirkt auch reziprok: Nicht nur die Beziehungen der Menschen zueinander werden durch Wahlverwandtschaften bestimmt, sondern auch ihre Abstoßungen und Brutalitäten. Das ist keine Aufnahme der *Wahlverwandtschaften* Goethes zum Zwecke der Weiterführung, das ist jene angedeutete Aufhebung des deutschen Bildungsromanes, zu dem Goethes Roman gezählt werden kann. Wahlverwandtschaften ereignen sich auf einer sehr viel primitiveren Ebene als bei Goethe. Sie werden zudem ausschließlich aus der in mehrfacher Hinsicht gebrochenen Perspektive Oskars mitgeteilt, nicht als bedenkenswerter Großversuch wie bei Goethe, sondern als weit verbreitetes Ergebnis menschlicher Veranlagung. Dreimal so häufig zum Lernen nutzt Oskar aber das andere Buch. Der österreichische Schriftsteller und Kulturhistoriker René Fülöp-Miller

67 Goethe: *Die Wahlverwandtschaften.* In: Poetische Werke (Berliner Ausgabe). Berlin 1963, Band 12, S. 43

gehörte, gemeinsam mit seiner Frau Erika Renon, zu den einflussreichen Kulturhistorikern; er war auch mit Stefan Zweig befreundet und diskutierte mit diesem über ein damals von Fülöp geplantes umfassendes Werk über den Tod.[68] Fülöp-Millers (der eigentlich Philipp Jakob Müller (1891–1963) hieß) Buch *Der heilige Teufel. Rasputin und die Frauen* hatte Oskar in der Hand. Wenn er von den „im Buch verstreuten zeitgenössischen Stichen" spricht (113), finden sich diese erstmals schon als Nr. 3–6 der 94 Abbildungen. Wenn ihn besonders jene beeindrucken, die den „bärtigen Rasputin mit den Kohleaugen inmitten schwarze Strümpfe tragender, sonst nackter Damen" zeigen, so sind auch diese als Nr. 80 zu finden, eine Karikatur im Ikonenstil von N. Iwanoff (1917). Beeindruckt haben ihn jene Schilderungen, in denen das Kind Grischa Rasputin Wunder vollbringt, Verbrecher entlarvt und mit schriller Stimme unheimlich wird:

Der heilige Teufel. Rasputin und die Frauen

> *„Er brach in ein unbändiges, kindisches Gelächter aus, schüttelte sich vor Entzücken, schlug dem Bauern mit seinen Füßchen in die Brust, als wollte er ihn anspornen, und rief dabei in einem fort weiter, der Bauer Pjotr Alexandrowitsch sei der Dieb des Pferdes. Seine dünne Kinderstimme klang so schrill, seine Augen leuchteten so sonderbar, dass allen Anwesenden recht unheimlich zumute wurde."*[69]

Hier könnte auch Oskar beschrieben worden sein. Die eindeutig begründbaren Abläufe, den Gesetzen oder Wahlver-

68 Vgl. Donald Prater und Volker Michels: *Stefan Zweig. Leben und Werk im Bild.* Frankfurt a. M.: Insel Verlag 1981, S. 293

69 René Fülöp-Miller: *Der heilige Teufel. Rasputin und die Frauen.* Berlin–Wien–Leipzig 1927, S. 5

Rasputin-Karikatur von N. Iwanoff

wandtschaften folgend, stehen den unfassbaren, fantastischen und logisch nicht begreifbaren Vorgängen gegenüber. Damit bringen die beiden Bücher nicht nur personelle Gegensätze wie Goethe und Rasputin ein, sondern auch gegensätzliche Möglichkeiten der Welterklärung: eine naturwissenschaftlich exakte, die auch auf die menschlichen Gefühle übertragen wird, und eine mystisch unfassbare, mit der alles legitimiert werden kann, weil als unerklärbar irrational erscheinend.
Oskar Matzerath lernt durch die beiden Bücher das Lesen, aber er schafft sich daraus das neue literarische Werk, was wohl die Vorlage des eigenen Erzählens war. Aus den beiden Büchern reißt er Seiten heraus, „über die Hälfte der Buchseiten aus dem Rasputin" (115), und trägt sie nach Hause.

> *„Wenn Oskar mit seinem ungebundenen Buch auf dem Dachboden oder im Schuppen des alten Herrn Heilandt hinter Fahrradgestellen hockte und die losen Blätter der Wahlverwandtschaften mit einem Bündel Rasputin mischte, wie man Karten mischt, las er das neu entstandene Buch mit wachsendem, aber gleichwohl lächelndem Erstaunen ..."* (115).

„Rasputin und Goethe in einem Band" (423) entsprechen den beiden Veranlagungen des Künstlers Oskar Matzerath. Sein Freund und Lehrer Bebra benennt sie: „... das Göttliche, aber auch das ganz gewiß Teuflische Ihres Genies" (221). Als Oskar sich entscheidet, Jesu „Nachfolge" anzutreten, geschieht das mit ausdrücklicher Berufung auf den Gegensatz von Rasputin und Goethe, der in seiner höchsten Qualität für Oskar zum Gegensatz von Satan und Christus gerät.
Das Buch aus Rasputin und Goethe wird für Oskar zu „dem großen Bildungsbuch" (457). Das hat zweierlei Bedeutung: Einmal kann sich Oskar mit diesem Buch bilden, über Lite-

ratur, über menschliche Beziehungen usw. Das Buch ist auch eine Programmschrift geworden, aus dem Kretin Oskar einen Menschen, aus dem Kind einen Erwachsenen zu bilden. Als der Pfleger Bruno den Lebensbericht Oskars kurzzeitig niederschreibt, spricht er über das „Bildungsbuch"; Bruno, ebenfalls ein Künstler, knüpft aus Bindfäden Figuren und erklärt zum Ziel seines Knüpfens,

> *„ich möchte aus schlichtem Bindfaden den russischen Gesundbeter Rasputin und den deutschen Dichterfürsten Goethe zu einer einzigen Person knüpfen, die dann auf Verlangen meines Patienten eine übersteigerte Ähnlichkeit mit ihm, dem Auftraggeber, haben sollte. Ich weiß nicht, wieviel Kilometer Bindfaden ich schon geknüpft habe, damit diese beiden Extreme endlich zu einer gültigen Verknotung kommen."* (558)

Je älter Oskar wird, desto nervöser wird er, ob man genügend Goethe in ihm erkannt hat oder ob sich für die Öffentlichkeit Rasputin durchgesetzt hat. Es beschleicht ihn die Angst, ob sich nicht in der „olympischen Ruhe" Goethes, die Oskar schon immer unheimlich war, die „Schwarze Köchin", Inbegriff der Gefahr, verbirgt, „die Finsternis eines Rasputins überbietend" (769). Die Beziehung zu Rasputin und Goethe wird, einmal durch das ABC hergestellt, als prägendes Element des künstlerischen Lebens nicht mehr aufgegeben. Nur die Intensität der Beschäftigung mit beiden Gestalten lässt allmählich nach, da Oskar selbst in der Lage ist, diese beiden Möglichkeiten anzuwenden: „Ich bildete mich selbst und kam zu eigenem Urteil." (401) Schließlich wird Oskar selbst zum Beispiel. In seinem Denken in Gegensätzen erhöht sich Rasputin-Goethe ins Mythische: Polare Setzungen, in denen Oskar nun auftritt, heißen „Faun und Nymphe", auch „Die Schöne und das Untier" (618), „Madonna 49" mit Oskar als Jesus-Kind, „Die Entführung der Europa", „Der Narr heilt die Krankenschwester" (641). Die Rückführung der Gegensätze ins Mythische mündet im Beginn der europäischen Zivilisation, im antiken Mythos: Der Maler Raskolnikoff will Oskar als Odysseus und Ulla als Penelope malen, als Vulkan mit Proserpina (657).

Versteht man Goethe und Rasputin als Ausdruck germanischer und slawischer Traditionen, so sieht sich Oskar Matzerath beiden verpflichtet. Er leitet für sich den Auftrag ab, als Mensch und als Künstler den Ausgleich der Traditionen in einer „gültigen Verknotung" (352) zu erreichen. Oskar Matzeraths Publikum will aber wenig vom Ausgleich zwischen Rasputin und Goethe wissen. Mehr Erfolg hatte er mit Themen wie „Die ersten Milchzähne, Lange wollene Strümpfe kratzen" usw. (464). Das korrespondiert mit Grass' Polemik gegen den Biedermeier und Oskars Gedicht *Am Atlantikwall* (444).

Biedermeier

Der Begriff ist literaturwissenschaftlich umstritten; er wurde um 1930 für eine literarische Richtung eingeführt, die neben dem Jungen Deutschland und der Vormärz-Literatur entstand und vor allem für schlichte Schönheit, Behaglichkeit, materiellen Wohlstand in geistiger Armut, Abstand von jeglichem revolutionärem Denken und selbstgenügsamer Beschränkung eintrat. Heinrich Heine war diese Philisterwelt zuwider. Der Begriff wurde auch in der Malerei (Spitzweg, Kersting) verwendet und geht auf eine fiktive Gestalt Biedermaier zurück. Lediglich in der Möbelindustrie hat sich der Begriff durchgesetzt.

Biedermeier herrsche im „Land Pantoffel", wie die Liliputanerin Kitty bei der Besichtigung des Atlantikwalls singt (444). Das geistige Profil dieses Landes wird, so teilen die

Erzähler den Lesern mit, geradezu unversehrt aus dem Krieg hervorgehen und zum Kennzeichen der „Nachkriegszeit" werden (450). Für den Autor war diese Stelle so wichtig, dass er sowohl Oskar als auch den auktorialen Erzähler bemüht, sich durch ein „wir" in direkten Kontakt zum Leser zu begeben. Die Blütezeit des neuen Biedermeier war die Zeit nach der Währungsreform 1948 (604), als Repräsentant dieser Zeit galt nicht nur für Grass Konrad Adenauer: In einem Vergleich von Politikern wurde Adenauer als „der biedermeierliche Restaurateur" bezeichnet.[70]

---

70 Paul Michael Lützeler: *Goethes Faust und der Sozialismus.* In: Basis. Jahrbuch für deutsche Gegenwartsliteratur, Band 5, 1975, Hg. von Reinhold Grimm und Jost Hermand. Frankfurt am Main: Suhrkamp 1975, S. 53

3. Themen und Aufgaben

Die Lösungstipps verweisen auf die Seiten der vorliegenden Erläuterung.

1) Thema: der Erzähler	
▶ Erklären Sie die Bedeutung des ersten Satzes für den gesamten Roman. Wie wird das Verhältnis zur umgebenden Wirklichkeit, zur Geschichte und zur Erinnerung durch ihn bestimmt? ▶ Beschreiben Sie in Kurzfassung Oskar Matzeraths Lebenslauf und stellen Sie ihn den geschichtlichen Vorgängen gegenüber. ▶ Welche Folgen für die Romanhandlung haben Oskars Kleinwüchsigkeit, seine Blechtrommel und seine Fähigkeit, Glas zersingen zu können?	Text: Eröffnung, Lösungshilfe S. 37 f, 40 f.

2) Thema: Wirklichkeit und Fiktion	
▶ Welche Bereiche werden von Oskar exakt nach der Wirklichkeit beschrieben? Bedenken Sie die Funktionen der Trommel und des Fotoalbums. ▶ Wo lässt Oskar seiner Fantasie freien Raum? Wie ist sein Verhältnis zu Kunst, Kunstepochen und Künstlern? ▶ Erklären Sie die besondere Bedeutung der beiden Bücher, aus denen Oskar ein neues macht (Goethe, Rasputin).	Texte: Glas, Glas, Gläschen; Rasputin und das ABC, Lösungshilfe S. 101 ff.

3) Thema: Schuld und Verantwortung

- Erklären und beschreiben Sie Oskars Umgang mit der Geschichte, der deutschen Schuld und dem Versuch der Sühne.
- Wählen Sie sich andere Figuren aus dem Figurenensemble und beschreiben Sie deren Verhältnis zu den genannten Problemen (z. B. Alfred Matzerath, Jan Bronski).
- Bestimmen Sie die sozialen Gruppen in ihrem Verhältnis zu den Problemen und führen Sie das schließlich für das Kleinbürgertum ausführlicher aus.

Texte: Soll ich oder soll ich nicht; Bebras Fronttheater, Lösungshilfe S. 35, 95 ff.

4) Thema: Symbole

- Erklären Sie die Bedeutung der Röcke Anna Bronskis und Oskars Sehnsucht, unter diese Röcke zu gelangen. Vergleichen Sie die Schilderung der Großmutter mit Bildern Ernst Barlachs und Käthe Kollwitz'.
- Verfolgen Sie die Bedeutung der Drei, des Dreiecks und darauf bezogener Figuren und Zahlen. Stellen Sie eine Tabelle dieser Verwendungen auf und beziehen Sie diese auf die Zeit.
- Was bezweckt und erreicht Oskar mit Glaszersingen und Trommeln? Versuchen Sie, die märchenhaften Vorgänge als wirkliche Vorgänge zu erklären.

Text: Der weite Rock; Lösungshilfe. S. 43 ff., 55

5) Thema: Strukturelemente

- Erläutern Sie die Funktion von Karussell und Straßenbahn im Roman. Beschreiben Sie die Szenen, in denen sie vorhanden sind.
- Gehen Sie der Bedeutung dieser Strukturelemente in der Literatur nach, z. B. an Rilkes Gedicht *Das Karussell*.
- In welcher Beziehung steht Oskar zur Straßenbahn? Beachten Sie dabei Oskars Angriff auf die Glasscheiben der Straßenbahn aus Richtung Oliva.

Texte: Fernwirkender Gesang vom Stockturm aus gesungen u. a., Lösungshilfe S. 42 f.

4. Rezeptionsgeschichte

Zur Rezeptionsgeschichte gehört ein Vorgang, der in der Literatur nicht häufig ist: Der Roman bewirkte, dass sich die Schuldigen bis zum heutigen Tage zu Worte meldeten. Zwar taten sie das im Glauben, einen unmoralischen Roman brandmarken zu müssen, aber sie entlarvten sich dabei als jene Mitschuldigen, die Grass detailliert geschildert hatte. Mehrere Dokumentationen geben darüber Auskunft.[71] Die Anerkennung für den Roman traf schon vor der Veröffentlichung ein. Nachdem Grass die Kapitel 1 und 34 vor der Gruppe 47 in Großholzleute im Allgäu gelesen hatte, bekam er den Preis der Gruppe und mehrere Verleger drängelten sich, den Roman zu veröffentlichen. Während Freunde wie Hans Magnus Enzensberger den Roman enthusiastisch lobten (s. S. 119 f.), war andererseits die Empörung groß. Scharfe Kritik galt dem obszönen, ja als pornografisch gewerteten Inhalt und der Darstellung der katholischen Kirche. Das Buch wurde in alle Weltsprachen übersetzt, es ist sein Ehrgeiz, wie Grass sagte, „den Kleinbürgern aller Länder verquer zu sein"[72].

Der Roman wurde in etwa 3 Millionen Exemplaren verkauft, in 20 Sprachen übersetzt, hat eine Vielzahl von Variationen erlebt und seinen Schöpfer zum weltbekannten Schriftsteller und Nobelpreisträger gemacht. Zur Nachfolge im literarischen Sinn bekannten sich John Irving[73] und Salman Rushdie, die Grass' Realitätsabbildung als Methode über-

71 Neuhaus, Reclam 1997, S. 164–180; *Kunst oder Pornografie? Der Prozess Grass gegen Ziesel. Eine Dokumentation.* München: Lehmann 1969 u. a.

72 Grass: *Zeuge*, S. 102

73 John Irving schuf mit dem Helden seines Romans *A Prayer for Owen Meany* (1989) einen Nachfolger Oskars.

nahmen. Im „deutschen Sprachgebiet gibt es ein paar Anknüpfungen, doch die sind epigonal geblieben"[74]. Erwähnenswert ist Joachim Seyppels Versuch, dem Kind Oskar den Riesen Conny gegenüberzustellen in seinem Roman *Torso Conny der Große* (1969). Kein Versuch der Nachfolge, aber eine ähnlich intensive Auseinandersetzung mit der Schuld des alltäglichen Faschismus stellte Christa Wolfs *Kindheitsmuster* (1976) dar. (Dass in diesem Werk Grass präsent ist und für die bei Christa Wolf beliebten Zitatmontagen benutzt wurde, ist nachgewiesen.[75]) Es wird kein Glas zersungen, aber „schwarzgesehen"; an der Stelle Oskar Matzeraths steht Nelly Jordan. Eines ist ihnen gemeinsam: Sie verlieren ihre östliche Heimat.

Schlöndorffs Film *Die Blechtrommel*

Am Drehbuch zu Volker Schlöndorffs Film *Die Blechtrommel* (1979) arbeitete Grass mit und autorisierte den Film. Dabei wurden Romanstellen konkretisiert wie der Auszug aus dem *Zigeunerbaron* (72): Im Film spielte Agnes und singt gemeinsam mit Jan „Wer uns getraut? ... Der Dompfaff, der hat uns getraut" aus der Operette („Operettenschnulze"[76] von Johann Strauß Sohn, 1885). Andererseits wurden grundsätzliche Entscheidungen des Erzählens aufgegeben: Der Film ist eine chronologische Szenenfolge bis zur Flucht aus Danzig 1945, nicht Rückblende eines erinnerten Lebensberichts des Dreißigjährigen 1954. Das 3. Buch fehlt im Film. Dadurch erscheint der Film optimistischer als das Buch: Der Film führt in eine unbekannte Zukunft, das Buch

74 Grass/Zimmermann 2000, S. 9

75 Vgl. Rüdiger Bernhardt: *Erinnerung und Entwurf. Zu Christa Wolfs 70. Geburtstag*. In: Germanica Wratislaviensia 122. Acta Universitatis Wratislaviensis Nr. 2174, Wroclaw 2000, S. 75

76 Volker Schlöndorff: *Die Blechtrommel*. Tagebuch einer Verfilmung. Darmstadt/Neuwied: Luchterhand 1979

entsteht in einem Irrenhaus. In Anbetracht des umfangreichen Materials, das ausgebreitet werden müsste, kann auf den Film nur verwiesen werden.[77]

Oft finden sich Ort und Figur der *Blechtrommel* auch in andere Handlungen Grass'scher Werke aufgenommen; manchmal allerdings muss man nach ihnen suchen. Da die Orte und Figuren stellvertretend stehen für die Orte und Personen der Welt, finden sich in ihnen Merkmale jener Welt, ohne dass sie sich wie in einem Schlüsselroman auflösen ließen. Danzig ist nicht nur die wahrnehmbare Stadt, die seit dem Versailler Vertrag nicht mehr zum Deutschen Reich gehörte, sondern ist auch Heimat, Beispiel für die Brutalisierung durch den Nationalsozialismus. Als Grass 1958 Danzig wieder besuchte, um für die *Blechtrommel* die Orte wieder zu erfahren, war es keineswegs mehr sein Danzig. Das liegt wie Vineta auf dem Meeresgrund; es wird in der *Rättin* von den emanzipierten Frauen gesucht. In Grass' *Danziger Trilogie* entsteht eine eigene Welt, die nicht mit den Realitäten von Geschichte und Gegenwart gleichzusetzen ist, von ihnen aber abgeleitet wurde.

Grass hat den Roman immer wieder aufgenommen, Störtebecker, einer der Anführer der Stäuber-Bande, trat als Eberhard Starusch wieder in *örtlich betäubt* (1969) auf und erzählte dort über die Bande. Am nachdrücklichsten setzte Grass aber die *Blechtrommel* in dem Roman *Die Rättin* (1986) fort. Oskar Matzerath ist inzwischen 60 Jahre geworden und ein agiler Videoproduzent; der einstige Pfleger Bruno ist sein Fahrer geworden. Statt Oskar Matzerath im Bett mit weiß lackierten Gitterstäben hat nun die Rättin im Drahtkäfig mit weiß lackierten Gitterstäben den Auftrag erhalten, die Welt

77 Vgl. dazu: Neuhaus, Oldenbourg 1988 (2000), S. 101 ff.

aus der Perspektive von unten zu sehen, eine inzwischen noch katastrophaler gewordene Welt. – Oskar trifft seine Familie beim 107. Geburtstag der Großmutter Anna Koljaiczek wieder, nicht in Bissau, dort ist jetzt der Danziger Flugplatz, sondern in Matern, einem nahen kaschubischen Dorf. Zu Besuch sind auch die Colchics vom Michigansee: Die Legenden über den Großvater Joseph werden nun in die Wirklichkeit zurückgeführt – Joseph Koljaiczek war nach Amerika entkommen und wurde dort im Holzhandel ein schwer reicher Mann, wie es schon im 2. Buch der *Blechtrommel* vermutet wird (458). In einem apokalyptischen Untergangsszenario kehrt Oskar unter die Röcke der Großmutter zurück, „als habe er diesen Ort zeitlebens gesucht. Weg ist er, und ich bin ihn los." (*Die Rättin* VII, 298). Oskar erfüllt sich damit einen sehnlichen Wunsch, den er schon in der *Blechtrommel* mehrfach mitgeteilt hatte (160, 216: nach dem Tod der Mutter, 275). Unter den Röcken der Großmutter war die Welt, Afrika und Neapel, Ströme und Wasserscheiden, der liebe Gott und der Teufel, Sommer und Weihnachten. Die Welt unter den Röcken entspricht der Vorstellung von der Großmutter als Urmutter. Die Hoffnung des Erzählers wurde in der *Rättin* erfüllt; er war Oskar Matzerath „los". Das bedeutet nicht, dass er nicht immer wieder auftaucht. Als Grass seine Epochenbilanz in *Mein Jahrhundert* (1999) schrieb, schien er im Kapitel *1927* wieder da zu sein, erzählte auch und wieder die gleichen Geschichten vom „Zarewitsch", nur hatte sich sein Geburtstag inzwischen von den „ersten Septembertagen" 1924 (54) auf „Mitte des goldenen Oktober" 1927 verschoben[78]. Oder anders gesagt: Aus Oskar Matzerath war noch deutlicher eine Variante des Günter Grass geworden.

---

78 Günter Grass: *Mein Jahrhundert*. Göttingen: Steidl 1999, S. 98

Die Auseinandersetzungen um die moralisch-künstlerischen Qualitäten der Grass'schen Texte haben stets die literaturkritischen Auseinandersetzungen übertroffen, oft auch geradezu verdrängt. Die Angriffe wollten eine unliebsame kämpferische Stimme zum Schweigen bringen. Insofern waren die kontinuierlichen Angriffe auf Grass bis hin zum Verriss des Romans *Ein weites Feld* (1995) die Fortsetzung der Attacken der Sechzigerjahre. Am konsequentesten betätigte sich dabei Marcel Reich-Ranicki.[79] Er sah in dem Verfasser der *Blechtrommel* „keineswegs einen guten Erzähler", wenn er das auch mit „vorläufig" verband. Sonst sei das eine der „virtuosen Darbietungen", die man mit Kunst verwechsle.[80] Der Grundeinfall des Romans sei „nicht übel; leider vermochte Grass nicht viel aus ihm zu machen"[81]. Grotesker konnte ein Fehlurteil nicht sein. Er stolperte von einem Fehlurteil zum anderen und „zerriss" noch Grass' großartiges Buch *Ein weites Feld* – buchstäblich auf dem Titelbild des *Spiegel.*

Marcel Reich-Ranicki

79 In der Literaturwissenschaft und -kritik ist die Meinung über Reich-Ranickis durchweg unsachliche und voreingenommene Beurteilung der Werke Grass' unumstritten. Vgl. aus jüngster Zeit Nayhaus, Hans-Christoph Graf von: *Unkenrufe in fünf Gängen zur deutsch-polnischen Versöhnung.* In: Germanica Wratislavensia 122, Acta Universitatis Wratislaviensis Nr. 2174, Wroclaw 2000, S. 40 und Hans-Jürgen Bachorksi: *Wie der politische Furor einmal den literarischen Verstand vollends unterpflügte. Die Primärrezeption von Günter Grass' Roman Ein weites Feld.* In: Mitteilungen des Deutschen Germanistenverbandes, 47. Jahrgang, Heft 4/2000, Bielefeld: Aisthesis Verlag 2000, S. 447–51

80 Marcel Reich-Ranicki: *Auf gut Glück getrommelt.* In: ebd.: Günter Grass: *Aufsätze.* Frankfurt am Main: Fischer Taschenbuch 1994, S. 13.

81 ebd., S. 15

5. Materialien

So wie der Roman enthusiastisch gefeiert wurde, so wurde er auch scharf angegriffen.

Blöcker

Von besonderer Art war die Rezension Günter Blöckers in der FAZ, die den Roman ablehnte, aber in Grass einen bedeutenden Schriftsteller sah, der allerdings sein Talent missbrauche. In der Rezension hieß es:

Wie dem auch sei, man darf Günter Grass bescheinigen, dass ihm mit seinem Oskar Matzerath, der uns da – von der Wiege in einem Danziger Kolonialwarenladen bis zur wohlverdienten Zelle in einer Heil- und Pflegeanstalt – seine krause Biografie, versetzt mit Zeitgeschichte, ins Ohr trommeln darf, eine allegorische Figur von schwer zu überbietender Scheußlichkeit gelungen ist. … Freilich, ohne auch nur einmal jene Höhe eines erhabenen Schreckens zu erreichen, wo das Geschehen, bei aller schändlichen Komik, ins Tragische umschlüge und damit sinnvoll würde. Sinnvoll, das hieße: wo es kathartische Wirkung erreichte. Doch die bleibt aus, die Lektüre dieses Romans ist ein peinliches Vergnügen, sofern es überhaupt eines ist.[82]

Enzensberger

Unter den zahlreichen Rezensionen, die in Dokumentationen nachzulesen sind[83], fällt die Hans Magnus Enzensbergers auf, da der wie kein anderer die Strukturen des Romans erkannte und von Beginn an die gegensätzlichen Aufnahmen und Urteile erwartete. Dass er zum Kriterium

82 FAZ (Frankfurter Allgemeine Zeitung) vom 28. 11. 1959
83 z. B. Neuhaus, Reclam 1997, S. 96–163

machte, der Roman unterscheide sich vom „literarischen Schrebergarten, mögen seine Rabatten sich biedermeierlich oder avanciert-tachistisch geben", ließ die sensible Art der Lektüre erkennen. Die Bedeutung des Romans sah Enzensberger u. a. darin:

‚Die Blechtrommel' kennt keine Tabus. Gewalttätig wirkt dieser Roman, weil er alles berührt, als wäre es antastbar ... Immer wieder tritt die Erzählung in jene verbotene Sphäre ein, wo sich Ekel und Sexualität, Tod und Blasphemie begegnen. Was Grass in dieser Hinsicht einerseits von aller Pornografie trennt, andererseits von dem sogenannten ‚schonungslosen Realismus' der amerikanischen Schule unterscheidet, was seine brüsken Eingriffe legitimiert, ja zu künstlerischen Ruhmestaten macht, das ist die vollkommene Unbefangenheit, mit der er sie vornimmt.[84]

Als 1983 in der DDR eine Literaturgeschichte über die *Literatur der BRD* erschien, wurde der Roman ausführlich behandelt. Es gab Einschränkungen, da sein „unverkennbar antifaschistischer Standpunkt" nur „auf eine stark gefühlsmäßige Ablehnung beschränkt" bleibe:

So konnte ‚Die Blechtrommel' zu einer adäquaten epischen Manifestation jenes absolut genommenen Nonkonformismus und jener ‚Ideologie der Ideologielosigkeit' werden, die zu der Zeit innerhalb der ‚Gruppe 47' und unter der literarischen Intelligenz der BRD die typische geistige Haltung gewesen ist. Dieser Umstand erklärt vor allem – außer der Schockwirkung, die durch die Darstellung der Kleinbürgerwelt aus der verfremdeten Zwerg-Perspektive er-

---

84 Hans Magnus Enzensberger: *Wilhelm Meister, auf Blech getrommelt.* Süddeutscher Rundfunk, Stuttgart am 18. November 1959. In: ebd.: Einzelheiten. Frankfurt a. M.: Suhrkamp 1962, S. 21–227

zielt wurde – den Erfolg des Romans, den der von konservativen und klerikalen Kreisen gegen ihn erhobene Vorwurf der Obszönität nur noch steigern konnte.[85]

1986 erschien der Roman in der DDR, wo er jedoch auch davor bekannt, geradezu sprichwörtlich war. Eine ausführliche und abwägende Darstellung gab schon viel früher der *Romanführer:*

Seine Ausstrahlungskraft erklärt sich nur zu einem Teil aus der angewandten Verfremdungstechnik, dem überquellenden Reichtum der Fantasie, seiner Sprachkraft und der Vorliebe für das Drastische und Derbe, die das in entlarvender Funktion eingesetzte Stilmittel des Obszönen und Widerwärtigen einschließt. Gravierender wirkt die Provokation, die 1959 – in der Blütezeit bundesrepublikanischer Prosperität – von dieser Bestandsaufnahme der (klein)bürgerlichen Entwicklung in den letzten fünfzig Jahren ausging. In dem Ich-Erzähler Oskar Matzerath zeichnet Grass, der hier viele autobiografische Erfahrungen aufarbeitet, das bis ins Absurd-Groteske gesteigerte Abbild eines Kleinbürgers.[86]

DDR-Presse

In der DDR-Presse gingen die Journalisten in der Regel davon aus, dass die Leser den Roman kannten, auch als er noch nicht in der DDR erschienen war.[87] Die Besprechung

85 Bernhard, Hans-Joachim (Leiter eines Autorenkollektivs): *Geschichte der deutschen Literatur.* Zwölfter Band: Literatur der BRD. Berlin: Volk und Wissen 1983, S. 193 f.

86 *Romanführer A–Z.* Hg. vom Kollektiv für Literaturgeschichte. Von einem Autorenkollektiv unter Leitung von Wolfgang Spiewok. Band III, Berlin: Volk und Wissen 1978, S. 158 f.

87 Vgl. Berichterstattung über den „Büchner-Preis" von W. K. In: Neues Deutschland vom 13. 10. 1965: „Weder das Feuer an der Wohnung von Grass noch die Flammen, in die Erhards aufgeputschte Jugendliche – ‚in christlicher Notwehr', schreibt der ‚Tagesspiegel' – die ‚Blechtrommel' warfen, noch all die anderen Schikanen haben die Preisverleihung verhindern können."

nach seinem Erscheinen bestätigte die Weltbedeutung des Romans, war fasziniert vom Grundeinfall des trommelnden Zwerges und verstand den Roman als rigorosen Bruch mit bürgerlichen Tabus:

Mit den Augen Oskar Matzeraths sieht man im Buch das Panoptikum einer Kleinbürgerwelt ... Trommler Oskar ist die Figur des protestierenden Außenseiters, der von Ideologien und politischen Bewegungen nichts hält. Aber gerade darin ist er Kleinbürger, dass er von dort her nur Bedrohliches kommen sieht. Allen offiziellen Mythen abhold, wird ihm die ‚schwarze Köchin' aus einem Kinderlied zu einer mythischen Figur der Angst, in der die Lockungen und Bedrängnisse des Sexuellen ebenso wirken wie bedrohliche Weltlagen.[88]

Als zum 40. Jahrestag des Erscheinens des Romans bei Steidl eine Jubiläumsausgabe mit Originalumschlagsmotiv, 23 CDs mit dem von Günter Grass gelesenen Roman und einem Begleitheft erschien, schrieb Jürgen Manthey in diesem:

Erschiene ‚Die Blechtrommel' jetzt zum ersten Mal, sie erregte heute noch das gleiche Aufsehen. Als literarisches Ereignis löste sie sogar noch mehr Bewunderung aus als damals, überragte als **literarische** *Sensation alles Vergleichbare. Denn nicht mehr lenkte moralische Entrüstung über erotische Tabuverletzungen und den blasphemischen Zuschnitt des Romans ab.*[89]

---

88 Frank Wagner: *Panoptikum einer Kleinbürgerwelt.* In: Neues Deutschland (Berlin) vom 2. September 1987

89 Günter Grass: *Die Blechtrommel.* Roman, Jubiläumsausgabe. Göttingen: Steidl 1999, Begleitheft von Jürgen Manthey

Zahlreich sind die Zeugnisse über die Skandale, die sich um das Buch abspielten. Sie haben ihm zu größerem Ruhm, ihren Verursachern zu kabarettistischem Ruhm verholfen. Dennoch sind sie nicht vorbei. Als der Bundestagspräsident Wolfgang Thierse 2001 an der Teheraner Beheschti-Universität die Bücher Günter Grass' empfahl, um deutsche Kultur besser kennen zu lernen, und dabei bemerkte, wie ein mitgereister CDU-Kollege darauf missbilligend reagierte, empfahl er diesem:

Selbst wenn Ihnen seine politischen Aussagen nicht gefallen, Kollege Brauksiepe: Grass ist ein großer Autor und der einzige lebende deutsche Literatur-Nobelpreisträger.[90]

---

90 *Personalien*. In: Der Spiegel 2001, Nr. 9, S. 216

Literatur

1) Ausgaben

Günter Grass: *Die Blechtrommel.* Roman. München: Deutscher Taschenbuch Verlag 1997 (6., neu durchgesehene Auflage), Oktober [8]1999 , identisch mit der von Volker Neuhaus und Daniela Hermes herausgegebenen Werkausgabe, Göttingen: Steidl Verlag, 1997, Bd. 3
(Nach dieser Ausgabe wird zitiert.)

Günter Grass: *Werkausgabe* in 10 Bänden, hrsg. von Volker Neuhaus. Kritisch durchgesehen, kommentiert und mit Nachworten versehen. Bd. 2 *(Die Blechtrommel)* Darmstadt/Neuwied: Luchterhand, 1987
(Enthält Karten von Danzig, Bd. 2, Tabellen zur Geschichte, Bd. 5 und einen Grass-Lebenslauf mit Selbstaussagen, Bd. 10)

Günter Grass: *Die Blechtrommel.* Roman. Frankfurt am Main, Hamburg: Fischer Bücherei KG, 1962 (Mai 1964 bereits 372.000)

Günter Grass: *Die Blechtrommel.* Roman. Berlin: Verlag Volk und Welt, 1986

Günter Grass: *Die Blechtrommel.* Roman, Jubiläumsausgabe. Göttingen: Steidl, 1999 (Limitierte Auflage von 2000 Exemplaren mit dem Originalumschlagsmotiv von 1959, dazu 23 CDs mit dem von Günter Grass gelesenen Text)

Günter Grass: *Der Autor als fragwürdiger Zeuge.* Hg. von Daniela Hermes. München: Deutscher Taschenbuch Verlag, 1997
(Die Texte sind auch in der Werkausgabe von 1997 zu finden; auf deren Kommentierungen sei ausdrücklich verwiesen.)

Günter Grass/Harro Zimmermann: *Vom Abenteuer der Aufklärung. Werkstattgespräche.* Göttingen: Steidl Verlag, 2000

(Die Gesprächssammlung ist eine Zusammenfassung aller Auskünfte Grass' zu Leben und Schaffen; eine Beschäftigung mit Grass ist ohne Kenntnis dieser Sammlung wenig sinnvoll.)

2) Lernhilfen und Kommentare für Schüler

Pelster, Theodor: *Günter Grass.* Stuttgart: Philipp Reclam jun., 1999 (Literaturwissen für Schule und Studium)

Neuhaus, Volker: *Günter Grass. Die Blechtrommel.* Interpretation mit Unterrichtshilfen von Thomas Angenendt. Oldenbourg Interpretationen, Band 16, München: Oldenbourg Schulbuchverlag GmbH, 2000 (4., überarbeitete Auflage)

Neuhaus, Volker: *Günter Grass. Die Blechtrommel.* Erläuterungen und Dokumente. Stuttgart: Philipp Reclam jun., 1997 *(Unverzichtbares Hilfsmittel für Wort- und Sacherklärungen; empfehlenswerte Materialsammlung zu Skandalen und zur Verfilmung)*

3) Sekundärliteratur

Arker, Dieter: *Nichts ist vorbei, alles kommt wieder. Untersuchungen zu Günter Grass' „Blechtrommel".* Heidelberg: Carl Winter, 1989 (Beiträge zur neueren Literaturgeschichte. Dritte Folge, Band 97)

Arnold, Heinz Ludwig und Franz Josef Görtz (Hrsg.): *Günter Grass – Dokumente zur politischen Wirkung.* Stuttgart, München, Hannover 1971

Arnold, Heinz Ludwig (Hrsg.): *Günter Grass.* TEXT + KRITIK, 1961, Heft 4; Nr. 1/1a (4. Auflage) München 1971 – Nr. 1, München IX 1997 (Siebte, revidierte Auflage der Neufassung von 1988)

Arnold, Heinz Ludwig (Hg.): *Blechgetrommelt. Günter Grass in der Kritik.* Göttingen: Steidl, 1997

Brode, Hanspeter: *Günter Grass (Autorenbücher 17).* München: Verlag C.H. Beck und edition text + kritik, 1979 *(Die Einführung ist ein geeignetes Arbeitsbuch mit schnellem Überblick und reichlich Textproben, gut und verständlich, beschreibt Gattungen und simultan die Themen.)*

Cepl-Kaufmann, Gertrude: *Der Deutschen unauslöschliche Vergangenheit. Günter Grass' Roman Hundejahre.* In: Klassiker der deutschen Literatur. Epochen-Signaturen von der Aufklärung bis zur Gegenwart. Hg. von Gerhard Rupp. Würzburg: Königshausen & Neumann, 1999, S.273–300 *(Zusammenhänge der Danziger Trilogie werden ebenso herausgestellt wie Besonderheiten der einzelnen Teile.)*

Durzak, Manfred (Hrsg.): *Zu Günter Grass. Geschichte auf dem poetischen Prüfstand.* Stuttgart 1985

Geissler, Rolf (Hrsg.): *Günter Grass. Materialienbuch.* Darmstadt/Neuwied 1976 (Sammlung Luchterhand 214)

Hermes, Daniela und Volker Neuhaus (Hrsg.): *Günter Grass im Ausland. Texte, Daten, Bilder zur Rezeption.* Frankfurt a. M. 1990 (Sammlung Luchterhand 902)

Jurgensen, Manfred (Hrsg.): *Grass. Kritik –Thesen – Analysen.* Bern und München 1973 (Queensland Studies in German Language and Literature 4)

Labroisse, Gerd und Dick van Stekelenburg: *Günter Grass – Ein europäischer Autor?* Amsterdam/Atlanta: GA 1992 (Amsterdamer Beiträge zur neueren Germanistik 35) *(Der Band enthält 12 Aufsätze, von denen sich einige mit Einflussbereichen zur Blechtrommel beschäftigen: Aufklärung, Camus und Sisyphos, Bibelbezüge)*

Loschütz, Gert: *Von Buch zu Buch. Günter Grass in der Kritik. Eine Dokumentation.* Neuwied und Berlin 1968

Mayer, Hans: *Felix Krull und Oskar Matzerath. Aspekte des Romans.* In: Das Geschehen und das Schweigen. Frankfurt am Main: Suhrkamp Verlag, 1969

Mayer, Hans: *Die umerzogene Literatur. Deutsche Schriftsteller und Bücher 1945 – 1967.* Berlin: Siedler-Verlag, 1988

(Hans Mayer kann als Freund und Vertrauter von Grass bezeichnet werden; seine Urteile sind begründet und genau)

Moser, Sabine: *Günter Grass. Romane und Erzählungen.* (Klassiker-Lektüren, Bd. 4) Berlin - Bielenfeld - München. Erich Schmidt Verlag, 2000

Nayhaus, Hans-Christoph Graf von: *Unkenrufe in fünf Gängen zur deutsch-polnischen Versöhnung.* In: Germanica Wratislavensia 122, Acta Universitatis Wratislaviensis Nr. 2174, Wroclaw 2000, S. 37–55

Neuhaus, Volker: *Günter Grass* (Realienbuch, Sammlung Metzler Band 179). Stuttgart 1979

Neuhaus, Volker: *Schreiben gegen die verstreichende Zeit. Zu Leben und Werk von Günter Grass.* München: Deutscher Taschenbuch Verlag, 1997

(Zusammenfassung bekannter und wenig bekannter Materialien in übersichtlicher Form)

Neuhaus, Volker und Daniela Hermes (Hg.): *Die Danziger Trilogie von Günter Grass. Texte, Daten, Bilder.* Frankfurt a. M.: Luchterhand Literaturverlag, 1991 (Sammlung Luchterhand 979)

Reddick, John: *Eine epische Trilogie des Leidens? Die Blechtrommel, Katz und Maus, Hundejahre.* In: Heinz Ludwig Arnold (Hrsg.): Günter Grass. TEXT+ KRITIK 1/1a. München 1971(4. Auflage), S.38 ff.

Schmidt, Sabine, Jan Blaszkowski und andere: *Oskar – Tulla – Mahlke.* In Gdańsk unterwegs mit Günter Grass (zweisprachig). Wydawnictwo „Marpress" Gdańsk 1993 *(Für die örtlichen Verhältnisse und das geschichtliche Danzig ein unentbehrliches Hilfsmittel mit Karten und Fotos)*

Stolz, Dieter: *Günter Grass zur Einführung.* Hamburg: Junius, 1999 *(Stolz war ein Vertrauter und Rechercheur Grass' bei ‚Ein weites Feld'. – Nützliche und genaue Information über wichtige Werke und deutliche, anspruchsvolle Beschreibung des großen Wortkünstlers und seiner Texte)*

Tank, Kurt Lothar: *Günter Grass.* Berlin 1965 (Köpfe des XX. Jahrhunderts, Band 38)

Vormweg, Heinrich: *Günter Grass mit Selbstzeugnissen und Bilddokumenten.* rowohlts monographien Nr. 359, Reinbek bei Hamburg: Rowohlt Taschenbuchverlag, 1986

4) Verfilmung

Die Blechtrommel. BRD/FR/CSR/PL 1979.
Regie: Volker Schlöndorff.